The Power of Praying

이 책은　　　　　　　님의 기도입니다.

최규택 | 옮긴이

한양대학교 경제학과와 서강대학교 대학원에서 경제학(MBA)을 공부하였다. 번역서로는 루이스 마르코스의 「C. S. 루이스가 일생을 통해 씨름했던 것들」*Lewis Agonistes*, 조안 치티스터의 「시련 그 특별한 은혜」*Scarred by Struggle, Transformed by Hope*, 헨리 나우웬의 「영원한 계절」*Eternal Seasons*, 클리포드 윌리엄스의 「마음의 혁명」*Singleness of Heart*, 돈 파이퍼의 「천국에서 90분」*90 Minutes in Heaven*, 폴 틸리히의 「믿음의 역동성」*Dynamics of Faith*, 필립 얀시의 「육체속에 감추어진 영성」*In His Image*(이상 그루터기하우스)등이 있다.

기도의 힘

2006년 11월 15일 초판 1쇄 발행
2010년 3월 31일 초판 2쇄 발행

지은이 스토미 오마샨
옮긴이 최규택
펴낸이 정병석

도서출판 그루터기하우스
서울특별시 강남구 논현동 95-2호 대호빌딩 4층
Tel 514-0656 | Fax 546-6162
gruturgi21@hanmail.net
등록 2000년 11월 28일 제16-2289호
ISBN 89-90942-14-4 03230

The Power of Praying
Copyright © 2004 by Stormie Omartian
Published by Harvest House Publishers

Korean Edition © 2006
by Gruturgi House Publishing Co., Seoul, Korea

본서의 한국어판 저작권은 KCBS를 통하여 Harvest House 와
독점 계약한 그루터기하우스에 있습니다.
저작권법에 의하여 한국 내에서 보호를 받는 저작물이므로
무단전재와 복제를 금합니다.

> 그 중에 십분의 일이 오히려 남아 있을지라도 이것도 삼키운바 될
> 것이나 밤나무, 상수리나무가 베임을 당하여도 그 그루터기는 남아
> 있는 것 같이 거룩한 씨가 이 땅의 그루터기니라 (이사야 6:13).

기도의 힘

스토미 오마샨 지음 | 최규택 옮김

그루터기하우스

차 | 례 | ❶

하나님의 거룩한 능력 · 8

하나님의 여성이 되는 것 · 11

당신과 당신의 하나님 | 영혼의 성장 | 모든 것들을 기다리는 것
풍성한 삶을 살아가는 것 | 하나님의 충만한 은혜를 알아가는 것
_ 하나님께 순종할 때 얻는 10가지 멋진 유익

가족을 축복하는 것 · 31

결혼을 위한 기도 | 남편을 위해 기도하는 것
기도를 통해 아이를 양육하는 것 | 따뜻한 가정을 만들어 가는 것
가족을 하나로 엮어 주는 것
_ 하나님을 찬양하는 5가지 좋은 방법

하나님의 약속을 이해하는 것 · 51

당신을 위한 하나님의 계획을 아는 것 | 하나님께서 늘 거기 계시다는 사실을 보는 것
하나님의 빛 가운데서 살아가는 것 | 개인적인 관계를 증진시키는 것
하나님의 이름 안에서 능력을 발견하는 것
_ 당신이 부를 수 있는 하나님의 30가지 위대한 이름

The Power of Praying

믿음의 기초를 세우는 것 · 71
순종 | 고백 | 회개 | 양도 | 거룩
_ 거룩하게 살 수 있는 7가지 방법

시험에 직면하는 것 · 91
당신이 혼자가 아니라는 사실을 믿는 것 | 의지하는 법을 배우는 것
주님을 기다리는 것 | 믿음 안에서 굴하지 않는 것 | 도움을 구하는 것
_ 우리에게 어려운 시기가 닥치는 4가지 이유

미래를 향해 움직이는 것 · 111
위대한 미래 | 지고한 목적 | 지혜의 선물 | 하나님을 찾아야 할 때 | 믿음의 발걸음
_ 지혜를 구해야 하는 10가지 타당한 이유

차 | 례 | ❷

하나님의 인도를 따르는 것 · 133
올바른 관점 | 하나님의 뜻과 부르심 | 우선순위 정하기
하나님께 마음을 고정하기 | 하나님의 인도를 받아들이는 것
_ 하나님의 뜻을 이해하는 4가지 올바른 태도

때를 따라 주어지는 선물을 향유하는 것 · 153
주님의 자유 | 주님의 빛 | 주님의 소망 | 주님의 축복 | 주님의 위로
_ 하나님의 말씀을 읽어야 하는 10가지 중요한 이유

거룩한 영감을 얻는 것 · 173
변화를 통해 | 용서를 통해 | 예배를 통해 | 꿈을 통해 | 기도를 통해
_ 하나님께 예배 드려야 하는 20가지 합당한 이유

멋진 인생을 살아가는 것 · 195
좋은 일 | 좋은 관계 | 좋은 태도 | 좋은 보호 | 좋은 열매
_ 매일 생활 속에서 가져야 할 8가지 좋은 생각

The Power of Prayi

주님
이 책을 읽는 여성들을 축복해 주세요
이들에게 당신의 영을 충만히 부어주시고
당신께서 빚어가시고자 하는 모습으로
변화되도록 도와주세요
이들에게 미래를 향한 비전을 주시고
그것의 소중함을 이해할 수 있는 마음을 주소서
이들의 발걸음을 인도해 주셔서
항상 당신의 뜻 한 가운데로 걸어가게 하소서
예수님의 이름으로 기도합니다.
아멘

하나님의 거룩한 능력

*

오늘날 하나님을 믿는 많은 여성들은 점점 더 하나님의 창조 목적에 맞게 살아가려고 노력하고 있다. 그들은 각기 다른 분야에서 전문가 또는 사역자로서 특별한 삶을 살아가고 있다. 자기가 해야 할 일들을 준비하면서 하나님의 능력을 의지하는 법을 배워가고 있다. 그들은 자신들이 단지 하나님의 창조물들 중 하나에 불과한 존재가 아니라는 사실을 인식해 가고 있다. 즉, 자신들이 특별한 목적을 위해 창조되었다는 사실을 깨달아가고 있다.

하나님께서 우리를 위해 무엇을 예비하셨는지 잘 몰라서 그분께서 예비하신 것들 안으로 들어가지 못할 때가 많다. 만약 그분의 약속을 정확히 이해하지 못하고 있다면 우리는 바른 시각으로 우리의 상황을 바라보지 못하게 될 것이다.

"그의 신기한 능력으로 생명과 경건에 속한 모든 것을 우리에게 주셨으니 이는 자기의 영광과 덕으로써 우리를 부르신 자를 앎으로 말미암음이라 이로써 그 보배롭고 지극히 큰 약속을 우리에게 주사 이 약속으로 말미암아 너희로 정욕을 인하여 세상에서 썩어질 것을 피하여 신의 성품에 참예하는 자가 되게 하려 하셨으니"
(벧후1: 3-4).

✷ ✷

　우리는 하나님의 약속이 우리의 정신과 마음에 영원히 간직되도록 그것들을 충분히 이해해야 할 필요가 있다. 이 책에 수록된 기도와 말씀은 당신이 그렇게 될 수 있도록 도움을 줄 것이다.
　만약 당신이 하나님의 말씀에 순종하고 성령님의 능력을 의지하면서 살아간다면 하나님께서 매 시기마다 당신을 올바른 장소에 두실 것이라는 사실과 당신 인생 속에 그분의 완전하신 뜻을 이루어가실 것을 신뢰하게 될 것이다. 또한 하나님께서 당신을 흠 없는 상태로 인도할 것이라는 사실과 당신을 위해 예비하신 축복들을 모두 쏟아 부어주실 것이라는 사실을 신뢰하게 될 것이다.

스토미

하나님의 여성이 되는 것
Being a Woman fo God

하나님의 여성이 되는 것

당신과 당신의 하나님

✵

그러므로 하나님의 능하신 손 아래서 겸손하라 때가 되면 너희를 높이시리라 너희 염려를 다 주께 맡겨 버리라 이는 저가 너희를 권고하심이니라. 벧전 5:6-7

만약 우리가 하나님과 홀로 대면하는 시간을 보내지 않는다면 우리는 결코 그분을 가까이에서 느낄 수 없고 그분을 깊이 알아갈 수 없다. 그뿐 아니라 그분과의 관계를 더 친밀하게 발전시킬 수도 없다. 이 지극히 개인적인 시간을 통해 우리는 위로를 받고 원기를 회복하고 새 힘을 얻는다. 또한 하나님의 관점으로 인생을 조망하게 되며 하나님을 믿는 여성으로서 가장 중요하게 여겨야 할 일들을 발견하게 된다.

바로 이 시간 동안 우리는 우리가 누구에게 속해 있으며 누구를 믿고 있는지를 이해하게 된다.

만약 당신이 단지 하나님의 임재 속에 거하고 싶은 열망 때문에 하루 중 많은 시간을 할애하여 그분께 기도를 드린다면 당신과 하나님 사이의 관계는 점점 더 깊어질 것이다.

주님, 제 마음 속에 있는 당신의 사랑이
당신의 위대함을 증거할 수 있게 해 주세요.
다른 사람들을 사랑하셨던 당신의 방법을 제게도 가르쳐 주소서.
제가 딱딱한 마음을 가질 수밖에 없는 그 상황에서

제게 부드러운 마음을 주세요.
제가 절망스러운 마음을 가질 수밖에 없을 때
그 상황에서 제게 생명력 넘치는 마음을 주세요.
제가 도무지 가르침을 받으려 하지 않을 때
저를 이끌어 주시고 교훈해 주소서.
예수님께서 그리셨던 것처럼 저로 하여금
신뢰할 만하고 베풀 줄 알고 순종할 줄 아는 사람이 되게 해 주세요.
당신께서 밝은 빛으로 저를 비춰주셨듯이
저도 제가 아는 모든 사람들에게
밝은 빛을 비추는 사람이 되게 해 주세요.
사람들이 저를 볼 때마다 당신에 대해 더 알고 싶은 마음을
갖도록 예수님을 닮은 사람으로 변화시켜 주소서.

＊ ＊

네 마음의 소원대로 허락하시고 네 모든 도모를 이루시기를 원하노라. 시 20:4

하나님은 당신의 인생 속에 수많은 말씀을 던지고 계신다. 하지만 만약 당신이 일상의 분주함으로부터 벗어나 하나님 앞에서 조용하고 고독한 시간을 보내지 않는다면 당신은 그 말씀을 들을 수 없게 될 것이다.

예수님도 수없이 많은 시간을 홀로 하나님과 대면하여 시간을 보내셨다. 만약 어떤 사람이 그런 시간을 보내지 않고도 잘 살아갈 수

있다고 생각한다면 그는 스스로를 하나님이라고 생각하고 있는 것이다.
  이것은 우리가 깊이 생각해 보아야 할 중요한 사실이다.
  나는 홀로 기도하는 시간을 마련한다는 것이 얼마나 어려운 일인지를 잘 알고 있다. 하지만 만약 당신이 중요한 날들을 달력에 체크해 놓듯이 기도하기 위한 시간을 특별히 마련함으로써 그것에 가장 중요한 우선권을 두기로 결정한다면 즉, 하나님과 만나는 시간을 가장 가치 있게 여기기로 작정한다면 당신은 이전과는 다른 모습으로 기도의 응답을 받게 될 것이다.

주님, 저는 오늘도 당신을 찾기 원합니다.
저는 제가 당신을 만족의 근원과 모든 갈망의 해답으로
여기기 전까지는 결코 행복해 질 수 없다는 사실을 잘 알고 있어요.
당신께서는 제 영혼에 힘을 공급하시는 유일한 분이세요.
저는 제게 필요한 모든 것들을 얻기 위해 매일 당신을 바라봅니다..
오직 당신께만 소망을 두도록 저를 도와주세요.

영혼의 성장

*

주의 말씀을 열므로 우둔한 자에게 비취어 깨닫게 하나이다. 시 119:130

　나는 당신이 하늘 아버지와 더 가까워 질 수 있도록 돕기를 원한다. 즉, 당신이 그분의 따뜻한 팔을 느끼기 원하고 그분 안에서 깨끗한 마음을 유지하기 원한다. 그리고 당신이 그분의 뜻 한 가운데에서 살아가고 있다는 사실을 인식함으로써 삶의 자신감을 얻기 원한다. 또한 당신이 그분의 뜻대로 변화되어 가고 있다는 사실을 충분히 느끼기를 원한다. 당신이 그분 안에 있는 순전하고 온전한 것이 무엇인지 발견하기를 원하며 그분께서 당신을 위해 행하신 모든 일들을 놓고 감동하기를 원한다.
　다시 말해 나는 기도가 당신의 인생을 얼마나 효과적으로 인도해 줄 수 있는지를 보여주고 싶다. 당신은 분명 기도를 통해 삶 속에서 하나님의 섭리를 더 많이 인식하게 될 것이다.

　　사랑하는 주님, 제가 당신의 말씀을 읽고 들을 때마다
　　그 속에 감추어져 있는 새로운 보물들을 발견할 수 있도록
　　저의 눈을 열어주세요.
　　제게 말씀하여 주시고
　　저의 마음을 위로해 주세요.

당신의 말씀이 제 속에서 살아 움직이게 해 주소서.
그래서 마치 음식이 몸에 영양분을 공급해 주듯이
말씀이 저의 영혼과 정신에 영양분을 공급하게 해 주세요.
저의 마음이 당신의 마음과 일치하게 하시고
당신의 계시를 보고 당신의 인도를 깨닫게 해 주세요.
그래서 제 삶을 향한 당신의 뜻이 무엇인지 알게 하소서.
지금 제가 서 있는 곳에
당신의 진리의 등불을 환하게 비춰주셔서
제가 다음 번 발걸음을 어디로 디뎌야 하는지
알게 해 주소서.

✳ ✳

하나님을 가까이 하라 그리하면 너희를 가까이 하시리라 죄인들아 손을 깨끗이 하라 두 마음을 품은 자들아 마음을 성결케 하라. 약 4:8

나에게는 한 가지 궁금증이 있었다. 그것은 바로 과연 여성들이 가장 중요하게 간구하고 있는 내용은 무엇일까하는 것이었다. 그래서 나는 지난 몇 년 동안 수없이 많은 강연을 하면서 설문조사를 병행하였다. 그 결과 모든 여성들의 대답이 예외 없이 동일했다는 사실을 알게 되었다. 설문에 응한 모든 여성들의 첫 번째 간구 내용은 단연 영적으로 성장하는 것이었다.

그들은 하나님과 동행하는 가운데 깊고 강하고 생명력 있는 사람이 되기를 소망했고 삶의 변화를 경험하고 충만한 믿음을 얻고 싶어 했다.

우리는 우리가 기대해야 할 분은 오직 하나님뿐이라는 사실을 인식해야만 진정한 자유를 얻을 수 있다. 그럴 때 우리는 우리 속에 있는 공허한 갈망들로부터 벗어날 수 있다. 그리고 팔을 넓게 펴고 계신 하나님의 품으로 들어가 우리 속을 그분으로 더욱 많이 채우고 싶게 된다. 하지만 이처럼 깊고 친밀한 하나님과의 관계는 우리가 원한다고 해서 금방 형성되는 것이 아니다.

그것을 위해서 우리는 하나님을 찾아야 하고, 그분께 기도 드려야 하고, 그분께로부터 영양분을 공급 받아야 하고 그분을 소중히 여겨야 한다.

주님, 저를 향한 당신의 계획이 충만히 이루어지는데
그 어떤 것도 방해가 되지 못하도록 도와 주세요.
당신께서 어떤 사람이 되라고 또는 무슨 일을 하라고 부르실 때
딴 길로 가 방황하지 않도록 도와주세요.
제게 저의 인생을 걸만한 가치 있는 비전과 강한 목적의식을 주소서.
저의 정체성을 당신 안에 두게 하시고
저의 운명을 당신 손에 맡기게 해 주세요.
제가 지금 하고 있는 일들이
과연 마땅히 해야 할 일들인지 알려 주세요.
제 삶이 영원한 것을 위해 준비될 수 있도록
당신께서 제 삶을 채워가 주시기를 원합니다.

모든 것들을 기다리는 것

*

주의 법을 사랑하는 자에게는 큰 평안이 있으니 저희에게 장애물이 없으리이다. 시 119:165

모든 사람들은 마치 원주(圓柱) 주변을 맴돌고 있는 것 같이 보인다. 우리는 항상 동일한 영역을 지나가고 동일한 문제로 돌아가 동일한 좌절을 경험하고 동일한 실수를 범하고 동일한 한계와 직면한다. 그래서 우리는 이 자기파괴적인 순환의 고리를 끊고 싶어한다.

그리고 자신의 한계를 초월하고 자신의 연약함을 극복하고 자신의 환경을 이겨내고 싶어한다. 우리는 단지 겨우 살아 숨쉬고 있는 존재 그 이상이 되고 싶어한다.

우리는 극복하는 사람이 되기를 원한다. 현재의 모습보다 더 훌륭하게 성장하기를 원한다. 우리는 하나님께서 이 땅에서 일하시는 것에 동참함으로써 하늘나라의 열매를 맺기를 원한다. 우리는 삶 속에서 하나님의 사랑과 축복이 충만하게 채워지기를 원한다. 우리는 이 모든 것들을 원하고 있다.

그리고 하나님께서는 이 모든 것들을 우리에게 주실 능력이 있다는 사실을 잘 알고 있다.

주님, 저는 영적인 패배자가 되는 것을 원치 않습니다.
저는 영적인 승리자가 되기를 원합니다.

당신께서는 저를 당신의
소유로 만드시기 위해 엄청난 대가를 지불하셨어요.
제가 그런 사실을 잊지 않고 살아갈 수 있도록 도와주소서.
당신께서는 제가 당신의 뜻 안에 거할 수 있도록 하시기 위해
제 인생을 위한 위대한 계획을 세워 놓으셨어요.
제가 그런 사실을 기억하면서 행동할 수 있도록 도와주세요.
당신께서는 저에게 원수들을 굴복시킬 수 있는 힘을 주셨어요.
제가 이 사실을 무시하지 않고 살아갈 수 있도록 도와주소서.

✼ ✼

너는 마음을 다하여 여호와를 의뢰하고 네 명철을 의지하지 말라 너는 범사에
그를 인정하라 그리하면 네 길을 지도하시리라. 잠 3:5-6

당신은 당신의 삶이 통제 불가능한 상태에 놓인 것 같은 기분을 느껴본 적이 있는가? 당신은 그런 감정 때문에 좌절해 본적이 있는가? 당신은 너무나 바쁜 일상을 살아감으로써 인생에서 정말 중요한 어떤 것들을 잊어버리고 있지는 않은가? 또 그것 때문에 두려움을 느끼고 있지는 않은가? 당신은 너무나 많은 역할들을 감당하려 하고 너무나 큰 기대들을 만족시키려 당신 삶의 귀중한 영역을 무시하고 그곳에 영양분을 제공하지 않고 있지 않은가?

당신은 정말 기도하면서 하나님과 더 많은 시간을 보내고 싶어하는가? 당신은 정말 하나님의 말씀을 더 온전하게 이해하고 싶어하

는가? 당신은 하나님을 더 잘 그리고 더 순수하게 섬기고 싶어하는가? 당신은 혹시 그러고 싶은데 그럴만한 힘과 시간과 기회가 없다고 생각하고 있지는 않은가? 당신은 당신의 팔을 벌려 예수님과 포옹하고픈 갈망을 느껴본 적이 있는가? 그리고 실제로 그분의 숨결을 느껴본 적이 있는가? 하나님께서는 당신이 이 모든 것들을 느끼기를 원하신다.

이것은 복음이 증거하고 있는 사실이다. 하나님께서는 당신이 하나님을 갈망할 때 만나주신다.

주님, 제가 제 자신의 힘이 아닌
제 안에 계신 성령님의 능력을 의지할 때
세상을 올바로 살아갈 수 있음을
기억하게 인도해 주세요.
하지만 혹시 제가 그 사실을 잊어버리는 때가
있더라도 저를 용서하소서.
제가 당신의 나라안에 살면서 점점 더 성장할 수 있도록 도와주세요.
또한 제 인생을 향한 당신의 목적을 발견하고
그곳을 향해 걸어갈 수 있도록 인도해 주세요.
그래서 당신의 나라를 위해 더욱 활동적으로 일하는
유능하고 생산적인 당신의 자녀가 되게 해 주소서.

풍성한 삶을 살아가는 것

*

믿음이 없이는 기쁘시게 못하나니 하나님께 나아가는 자는 반드시 그가 계신 것과 또한 그가 자기를 찾는 자들에게 상 주시는 이심을 믿어야 할지니라. 히 11:6

만약 당신의 생각이 내 생각과 같다면 당신은 겨우 목숨만 유지하면서 살아가는 그런 삶을 원치 않을 것이다.

당신은 당신의 존재만을 간신히 지탱하는 그런 인생을 원치 않을 것이다. 당신은 안간힘을 쓰면서 당신의 문제를 헤쳐나가기에 급급한 그런 삶을 원치 않을 것이다. 당신은 "내가 온 것은 양으로 생명을 얻게 하고 더 풍성히 얻게 하려는 것이라" 라는 예수님의 말씀처럼 풍성한 삶을 살아가기 원한다.

우리는 진리의 말씀을 들었으나 그것을 실제 삶 속에서 거의 실천하지 않는 그런 믿음 없는 부류의 여성이 되기를 원치 않는다. 우리는 계속해서 의심과 두려움과 불안정과 불확실에 사료 잡혀 살기를 원치 않는다. 뚜렷한 인생의 목적을 가지고 살아가기 원한다. 딱딱한 음식을 소화해 내지 못하는 어린 아기처럼 하나님의 말씀에 제대로 반응하지 못하는 영적 어린 아기가 되기를 원치 않는다.

우리는 점점 더 성숙해 가면서 활기 있고 생산적인 삶을 살아가기 원한다.

주님, 제가 "믿음으로 구하되 의심하지 않도록" 도와주세요.
의심하는 사람은 두 가지 마음을 가지고 있고 확신이 없어
당신께로부터 아무것도 얻을 수 없다는 사실을 잘 알고 있습니다.
저는 당신께 의심을 품는 죄를 범했음을 고백해요.
그리고 그것을 용서해 달라고 간청합니다.
저는 당신께서 저를 통해 행하시고자 하는 일들을 의심함으로써
그것들을 방해하는 죄를 짓고 싶지 않아요.
하루하루 제 믿음이 자라갈 수 있도록 인도해 주소서.
그래서 제가 당신의 이름으로
산까지도 옮길 수 있는 능력을 얻게 해 주세요.
그리고 당신께서 저를 위해 준비하신
모든 것들을 이루어 갈 수 있도록 해 주세요.

✶ ✶

사랑하는 자들아 만일 우리 마음이 우리를 책망할 것이 없으면 하나님 앞에서 담대함을 얻고 무엇이든지 구하는 바를 그에게 받나니 이는 우리가 그의 계명들을 지키고 그 앞에서 기뻐하시는 것을 행함이라. 요일 3:21-22

이 세상 모든 여성들은 열매 맺는 삶을 살아가기 원한다. 그들은 기쁜 마음으로 하나님의 율법을 순종함과 동시에 하나님의 은혜 안에 거하기를 원한다. 그들은 시련과 고통을 겪고 있음에도 불구하고 흔들림 없이 하나님의 진리를 붙잡기 원한다. 그들은 모든 방법을 동

원해 하나님의 참되심을 알기 원한다. 그리고 성령의 능력으로 변화되기를 원한다. 하지만 그들은 동시에 자기들이 잘못된 모습으로 살아가고 있다는 사실을 자주 발견한다. 아니 올바르게 살아가는 모습을 좀처럼 발견하지 못한다.

당신은 당신의 마음이 더럽다고 판단되기 때문에 당신의 마음을 깨끗하게 만들려고 생각하지 말고 하나님 앞에서 온전히 서고 올바로 사는 것은 당신을 위한 하나님의 요구이기 때문에 그렇게 해야 한다.

하나님께서는 당신을 위해 당신의 삶 속에 준비하신 모든 축복들을 부어주실 것이다. 그리고 당신 역시 그분께서 주시는 평화와 기쁨과 사랑과 만족이 얼마나 풍부한지 알게 될 것이다.

주님, 저는 제 마음이 당신을 참되게 경배하고
제게 있는 모든 것으로 인해 당신께 감사 드리기를 원합니다.
제가 언제나 당신께 기쁨을 드릴 수 있도록 제 속에 깨끗한 마음과
올바른 영혼을 창조해 주세요.
제 마음을 사랑과 평화와 기쁨으로 채워주셔서
그것이 언제나 제 입에서 흘러 나올 수 있게 해 주세요.
제가 불평을 늘어놓을 때마다 그것이 잘못되었다는 것을 깨닫게
해 주세요. 제가 사람들과 대화할 때마다
그들에게 생명을 주고 덕을 끼칠 수 있도록
제게 합당한 말씀을 허락해 주세요.

하나님의 충만한 은혜를 알아가는 것

*

내게 이르시기를 내 은혜가 네게 족하도다 이는 내 능력이 약한데서 온전하여 짐이라 하신지라 이러므로 도리어 크게 기뻐함으로 나의 여러 약한 것들에 대하여 자랑하리니 이는 그리스도의 능력으로 내게 머물러 있게 하려 함이라.

고후 12:9

당신 자신을 위해 기도하는 것보다 다른 사람들을 위해 기도하는 것이 더 쉽다는 사실을 발견해 본 적이 있는가? 나는 그래 본 적이 있다. 나는 나 자신의 필요들을 위해 기도하는 것 보다 내 남편과 내 아이들, 일가친척들, 지인들, 친구들, 그리고 뉴스를 통해서만 보았지 실제로는 한 번도 만나보지 못한 사람들을 위해 기도하는 것이 더 쉽다는 사실을 발견했다.

그들의 필요들은 쉽게 파악될 수 있지만 나의 필요들은 너많고 때로 너무 복잡하여 어떻게 기도해야 할지 난감하기까지하다.

우리 여성들은 많은 시간 동안 우리의 필요가 무엇인지에 대해 생각하곤 한다. 하지만 우리는 너무나 많은 주변 사람들과 감정적으로 연결되어 있고 그날그날 해결해야 할 산적한 삶의 문제들을 가지고 있기 때문에 우리가 자신을 위해 어떻게 기도해야 할지 잘 모를 때가 많다. 환경이 우리를 강하게 압도할 때면 우리의 기도는 단순히 도움을 구하는 부르짖음 정도 밖에 되지 않는다. 하지만 하나님께서는 그러한 부르짖음을 들으실 뿐 아니라 우리의 필요까지 모두 알고 계신다.

그래서 우리는 가장 먼저 하나님의 은혜를 구해야 하는 것이다.

"내 의의 하나님이여 내가 부를 때에 응답하소서
곤란 중에 나를 너그럽게 하셨사오니
나를 긍휼히 여기사 나의 기도를 들으소서"(시 4:1).
제가 시련을 겪고 시험을 받을 그때에
당신의 얼굴을 구할 수 있는 성숙한 마음을 주세요.
그것을 통해 더 견고하게 성숙해지기를 바랍니다.
저는 믿음이 자라기를 바라지 의심 때문에 넘어지기를 원치 않아요.
저는 당신의 진리와 은혜 안에서 굳건히 서 있기를 원합니다.

✷ ✷

그런즉 누구든지 그리스도 안에 있으면 새로운 피조물이라 이전 것은 지나갔으니 보라 새것이 되었도다. 고후 5:17

하나님께서는 언제나 당신을 인생의 새로운 장소로 데리고 가기를 원하신다. 하지만 만약 당신이 지금까지의 방식만을 고수하면서 안일하게 살아가고자 한다면 당신은 하나님의 역사를 제한하는 것이다.

하나님께서는 결코 우리가 과거의 성공에만 안주하여 살아가기를 원치 않으신다. 만약 우리가 늘 그렇게 해 왔던 방식만을 의지한다면 우리는 결코 하나님을 의지하고 있는 것이 아니다. 그것은 분명히 잘못된 모습이다.

나는 한 가지 사실을 보장하고 싶다. 그것은 바로 하나님께서는 당신의 나이와는 상관없이 당신의 인생을 위해 새로운 무엇인가를 준비하고 계신다는 것이다. 그것이 무엇인지 보여달라고 하나님께 한 번 간구해보라.

당신을 지치게 하고 있는 인생의 진부한 경주에서 이제는 쉬고 싶다고 그리고 당신을 억누르고 있는 과거의 무거운 짐들을 더 이상 짊어지고 싶지 않다고 솔직히 고백해 보라.

주님, 제 시야가 지난날들의 아픔을 상기하는 데에만
고정되게 하지 마시고
앞날을 향해 똑바로 열릴 수 있도록 도와주세요.
또한 제가 과거에 방식만을 고수하지 않도록 인도해 주세요.
저는 바로 오늘 당신께서 제 인생을 위해 새로운 일들을 일으키고
싶어하신다는 사실을 깨닫고 있습니다.
제가 늘 안주해왔던 그곳에 머물지 말게 하시고
가야 할 곳을 발견하여 그곳을 향해 걸어가게 해 주세요.
당신께서는 제게 은혜를 베푸셔서 저로 하여금
과거의 올무에서 벗어나 자유를 누리게 하셨습니다.
제가 한 번 더 그 은혜를 힘입어
당신께서 저를 위해 준비하신 미래 안으로
들어가게 해 주소서.

∷ 하나님께 순종할 때 얻는 10가지 멋진 유익

1. 우리는 하나님께서 들으시는 기도를 드릴 수 있다.
    내가 내 마음에 죄악을 품으면 주께서 듣지 아니하시리라 그러나 하나님이 실로 들으셨으며 내 기도 소리에 주의 하셨도다.(시편 66편 18절–19절)

2. 우리는 하나님의 임재를 더 깊이 체험할 수 있다.
    예수께서 대답하여 가라사대 사람이 나를 사랑하면 내 말을 지키리니 내 아버지께서 저를 사랑하실 것이요 우리가 저에게 와서 거처를 저와 함께 하리라.(요한복음 14장 23절)

3. 우리는 지혜를 얻을 수 있다.
    그는 정직한 자를 위하여 완전한 지혜를 예비하시며 행실이 온전한 자에게 방패가 되시나니.(잠언 2장 7절)

4. 우리는 하나님과 우정을 나눌 수 있다.
    너희가 나의 명하는 데로 행하면 곧 나의 친구라.(요한복음 15장 14절)

5. 우리는 안전하게 살 수 있다.
    너희는 내 법도를 행하며 내 규례를 지켜 행하라 그리하면 너희가 그 땅에 안전히 거할 것이라.(레위기 25장 18절)

6. 우리는 온전해질 수 있다.

누구든지 그의 말씀을 지키는 자는 하나님의 사랑이 참으로 그 속에서 온전케 되었나니 이로써 우리가 저 안에 있는 줄을 아노라.(요한일서 2장 5절)

7. 우리는 축복을 받을 수 있다.

내가 오늘날 복과 저주를 너희 앞에 두나니 너희가 만일 내가 오늘날 너희에게 명하는 너희 하나님 여호와의 명령을 들으면 복이 될 것이요.
(신명기 11장 26절-27절)

8. 우리는 행복을 발견할 수 있다.

율법을 지키는 자는 복이 있느니라.(잠언 29장 18절)

9. 우리는 평안을 맛볼 수 있다.

완전한 사람을 살피고 정직한 사람을 볼지어다 화평한 자의 결국은 평안이로다.(시편 37편 37절)

10. 우리는 장수할 수 있다.

내 아들아 나의 법을 잊어버리지 말고 네 마음으로 나의 명령을 지키라 그리하면 그것이 너로 장수하여 많은 해를 누리게 하며 평강을 더하게 하리라.
(잠언 3장 1절-2절)

가족을 축복하는 것
Blessing Your Family

가족을 축복하는 것

결혼을 위한 기도

✳

무릇 하나님의 행하시는 것은 영원히 있을 것이라 더 할 수도 없고 덜 할 수도 없
나니. 전 3:14

결혼은 두 사람이 서로에 대해 헌신하기로 약속하는 행위이다. 그것은 많은 대가를 지불하고서라도 지켜가야 할 약속이다. 하지만 많은 부부들은 상대방이 이 약속을 알아서 잘 이행해 주겠지 하고 쉽게 생각한다. 또한 결혼 생활이 이상적으로 잘 꾸려져 가겠지 하고 생각한다. 하지만 현실은 그들을 당황하게 만든다. 바로 그때 그들만의 왕국은 삐걱거리기 시작한다.

당신은 부부가 서로 영적으로 연합하고 진심으로 헌신하기를 원하십니까? 친밀한 끈으로 연결되어 생활 속에서 비현실적인 기대들이 축소되기를 원하십니까? 그렇다면 모든 불협화음들이 조용히 사라지도록 끊임없이 기도해야 한다.

당신은 배우자와 진정한 연합을 이루도록 그리고 하나님께서 결혼 생활의 중심에 계시기를 위해 늘 기도해야 한다.

주님, 남편과 제가 우정과 헌신과 이해와 인내의 끈으로
하나가 되게 해 주세요.
저희에게 있는 미성숙한 태도와 서로를 향한 적개심과

서로가 잘 맞지 않는다는 생각을 소멸시켜 주소서.
단 둘이 함께 하는 시간을 많이 가질 수 있도록 도와주시고
저희의 결혼생활이 늘 새롭고 풍성한 것들로
채워질 수 있도록 인도해 주세요.
저희가 처음 결혼 했을 때의 마음가짐을
늘 간직할 수 있도록 도와 주세요.
남편이 당신께 매우 헌신된 사람이 되기를 원합니다.
또한 아무리 거친 폭풍우가 몰아친다 할지라도
저를 향한 그의 헌신이 흔들리지 않게 하소서.
서로를 향한 저희 부부의 사랑이 매일매일
더 견고해져 가기를 기도합니다.

※ ※

두 사람이 한 사람보다 나음은 저희가 수고함으로 좋은 상을 얻을 것 임이라 혹시 저희가 넘어지면 하나가 그 동무를 붙들어 일으키려니와 홀로 있어 넘어지고 붙들어 일으킬 자가 없는 자에게는 화가 있으리라. 전 4:9-10.

나는 아름다운 결혼생활을 만들어갈 수 있는 가장 좋은 방법을 배우게 되었다. 그것은 매주 다른 여성들과 함께 가정을 위해 기도하는 것이다. 이것은 의심의 여지 없이 결혼 생활에 생명력을 부여하는 일이다.

만약 당신이 두 명 이라도 믿음이 충만하고 전적으로 신뢰할 수 있

는 여성들과 함께 매주 마음의 소망들을 나누고 함께 기도하는 시간을 가질 수 있다면 당신은 삶의 변화를 체험하게 될 것이다.

  이러한 기도를 통해 당신은 올바른 마음을 얻을 수 있고 좋은 아내가 될 수 있고 영혼의 짐들을 벗을 수 있게 될 것이다. 또한 당신의 남편을 축복해 달라고 더욱 더 간절히 하나님을 찾게 될 것이다.

주님, 저희의 결혼생활을 해치려고 하고
파괴하려고 하는 것들로부터 저희를 보호해 주소서.
이기심과 나태함으로부터,
그 밖에 악한 계획들과 욕망들로부터, 무분별하고
위험한 상황들로부터 저희의 방패가 되어주세요.
저희 마음에 하나님을 신뢰하지 않는 생각과 이혼하고
싶은 생각이 생기지 않도록 인도해 주세요.
그리고 저희의 미래에 그런 일들이 실제로 일어나지 않도록
인도해 주세요.
저는 낮은 자존감으로 인해 서로에게
질투의 마음을 가지는 일들이 없기를 합니다.
결혼생활에 위협이 될 수 있는 그 어떤 요인들도
저희의 마음과 습관 속에 침투하지 못하도록 저희를 도와 주세요.

남편을 위해 기도하는 것

*

나의 영혼아 잠잠히 하나님만 바라라 대저 나의 소망이 저로 좇아 나는도다.
시 62:5

나는 늘 갓 결혼한 신부들을 도와줄 수 있는 방법에 대해 고민한다. 그들은 대게 기대 목록들을 길게 적어 놓고 결혼 생활을 시작하게 되는데 그것들은 종종 그들을 좌절시키는 원인이 되곤 한다. 그들은 남편이 자신의 기대치에 미치지 못하는 삶을 살아갈 때마다 분노를 느끼곤 하는 것이다. 그렇기 때문에 그러한 기대를 버려야 한다. 그들은 남편에게 억지로 변화를 요구해서는 안 된다. 또한 남편들을 자신을 기쁘게 해 주는 도구로 생각해서도 안 된다.

만약 그들이 이런 식으로 결혼 생활을 유지한다면 결국 자신과 남편에게 실망만을 안겨 주게 될 것이다. 대신 하나님께 결혼생활에 필요한 변화를 구해야 한다.

당신은 남편을 있는 그대로 수용하고 그가 성장할 수 있기를 위해 기도해야 한다. 그리고 당신이 바라는 최고의 기대들은 당신 남편으로부터 충족될 수 있는 것이 아니라 하나님께로부터 충족될 수 있는 것임을 기억해야 한다.

주님, 저는 저의 기대를 십자가 앞에 내려 놓습니다.
남편이 저를 만족시켜 주어야 한다는 부담으로부터
자유롭게 되기를 원해요. 그리고 남편에게 기대를 걸기 보다 마땅히 당신께 기대를 걸기 원합니다. 남편을 있는 그대로 수용하게 하시고 억지로 그를 변화시키려 하지 않게 하소서.
당신께서 그의 속에서 일하고 계시다는 사실을 믿기 때문에 제가 결코 생각할 수 없는 방법으로 그가 변화될 것이라는 소망을 가져요.
저와 남편은 완전하지 않고 앞으로도 결코 그렇게 될 수 없다는 사실을 너무나 잘 알기 때문에 저희의 결혼생활에 필요한 모든 변화들을 오직 당신 손에 맡겨요.
주님, 저는 완전하신 분은 오직 당신뿐이라는 사실을 믿어요. 그리고 저희 부부를 완전하게 다루시는 분도 오직 당신뿐이라는 사실을 믿습니다.

✲ ✲

그러므로 내가 너희에게 말하노니 무엇이든지 기도하고 구하는 것은 받은 줄로 믿으라 그리하면 너희에게 그대로 되리라 서서 기도할 때에 아무에게나 혐의가 있거든 용서하라 그리하여야 하늘에 계신 너희 아버지도 너희 허물을 사하여 주시리라.

막 11:24-25

다른 그 어떤 헌신적인 시간들을 가지는 것보다 기도하는 것이 어려운 이유 중 하나는 바로 깨끗한 마음을 유지해야 하기 때문이다. 당신은 기도를 통한 유익을 얻기 위해 하나님 앞에서 깨끗한 마음을 가져야 한다. 그래서 남편을 위해 기도하기로 결심한다는 것은 자신의 마음을 깨끗하게 정화시키기로 결심하는 것과 다르지 않다. 어떤 이유에서든 만약 당신이 원한과 분노와 용서하지 못하는 마음과 비열한 생각들을 가진 채 기도하고 있다면 당신은 기도의 응답을 받는데 어려움을 겪게 될 지도 모른다.

  만약 당신이 그런 감정들을 솔직하게 하나님께 내어 드리고 기도하는 자리로 나아긴다면 당신의 결혼생활은 더욱 극적으로 변화될 수 있을 것이다.

하나님, 당신만이 제 인생의 주인이심을 선포합니다.
매일매일의 생활 속에서 가장 먼저
당신을 구하는 사람이 되게 해 주세요. 그리고 삶의 우선순위를
가장 완벽한 순서에 따라 결정하는 사람이 되게 해 주소서.
제가 아이들, 일, 가족, 친구들, 사회활동들, 관심거리들을
잘 소화하기에 앞서 가장 먼저 남편을 지혜롭게 섬길 줄 아는
사람이 되게 해 주세요. 그리고 제 마음 속에서
남편이 가장 중요한 자리를 차지하고 있다는 사실을 현재 처한
상황에서 증명해 보일 수 있도록 인도해 주세요.
행여나 제가 남편으로 하여금 저의 그런 마음을
알 수 없게 행동하고 있다면 저의 모습을 변화시켜 주소서.
매일매일 제가 삶의 우선순위를 어떻게 결정해야 하는지
깨우쳐 주세요. 그래서 제가 삶을 도둑 맞지 않도록
인도해 주시고 지속시킬 가치가 없는 목적들이
제 시간을 지배하지 못하도록 도와 주세요.

기도를 통해 아이를 양육하는 것

*

네 마음을 주의 얼굴 앞에 물 쏟듯 할지어다 각 길머리에서 주려 혼미한 네 어린 자녀의 생명을 위하여 주를 향하여 손을 들지어다. 애 2:19

부모로서 또는 아이들을 양육하는 사람으로서 당신은 아이들의 인생을 위해 구체적으로 기도해야 할 매우 중요한 책임이 있다.

나는 아이들의 인생을 위해 기도할 때 그들의 모든 관심사들과 두려움들과 걱정들을 나의 것으로 승화시키는 방법을 배웠다. 또한 아이들의 상황을 놓고 기도하라는 성령님의 권고를 더욱 민감하게 들을 수 있게 되었다. 내가 기도로서 아이들을 양육하고 그들을 하나님의 손에 맡길 때 그분은 나의 마음에 평안을 주셨다.

하나님께서는 당신의 아이들에게 절대 나쁜 일이 일어나지 않을 것이라고 약속하지는 않으신다. 하지만 당신이 딸이나 아들의 문제를 능력의 하나님께 맡기고 기도한다면 당신은 그 과정 속에서 예상하지 못한 평화를 맛보게 될 것이다.

주님, 제 자신을 당신께 복종시켜요.
당신께서 저를 양육하시는 방법으로 제가 아이들을 양육하는 것은
제 능력 밖의 일이라는 사실을 저는 깨달아요.
그래서 제게는 전적으로 당신의 도움이 필요합니다.
저는 당신과 함께 있기를 원해요. 그리고 당신께서 주시는 지혜와

분별력과 계시와 인도의 선물을 받고 싶어요.
그리고 인내와 강인함의 은사도 받고 싶어요.
그것을 통해 제 속에서 당신의 사랑이 흘러 넘치고 있다는 사실을
늘 깨닫고 싶습니다. 당신께서 저를 사랑하시는 방법으로
제가 아이들을 사랑할 수 있도록 인도해 주소서.

✶✶

너희가 나를 택한 것이 아니요 내가 너희를 택하여 세웠나니 이는 너희로 가서 과실을 맺게 하고 또 너희 과실이 항상 있게 하여 내 이름으로 아버지께 무엇을 구하든지 다 받게 하려 함이니라. 요 15:16

생활 속에서 아이들이 좋지 않은 일을 만날 때마다 우리는 완벽한 부모가 되어주지 못한다는 생각에 스스로를 자책하곤 한다. 하지만 나는 이 세상에 완벽한 부모는 있을 수 없기 때문에 그 어떤 부모도 아이들의 삶을 완전하게 지켜줄 수 없다는 사실을 깨달았다. 그래서 아이들의 삶을 올바로 인도할 수 있는 부모는 완벽한 부모가 아니라 기도하는 부모다. 그리고 그런 부모의 모습은 누구나 가능하다.
 우리가 기도하는 부모가 될 때 우리는 조바심을 내면서 부모로서의 역할을 완벽하게 감당하려 하지 않아도 된다. 우리는 친구나 선생님 또는 할아버지나 할머니 또는 이웃처럼 아이들을 대할 수 있게 된다. 심지어는 그들에게 애정 어린 마음을 가지고 있음에도 불구하고 마치 남처럼 그들을 주변에서 바라보기만 할 수도 있게 된다.

혹시 당신이 기도하는 부모를 갖지 못한 아이를 알고 있다면 당신이 대신하여 그 아이의 필요를 위해 기도해 주라. 애정을 가득 담아 "하나님, 이 아이의 인생을 위해 제가 기도해야 할 가장 적절한 내용들을 가르쳐 주세요" 라고 기도해 보라.

주님, 저를 당신께서 원하시는 부모의 모습으로 다듬어 주세요.
아이들의 인생을 위해 제가 어떻게 기도해야 하는지 가르쳐 주세요.
또한 그들을 지혜롭게 양육할 수 있는 방법도 가르쳐 주소서.
주님, 당신은 성경을 통해 이렇게 말씀하셨어요.
"너희가 기도할 때에 무엇이든지
믿고 구하는 것은 다 받으리라"(마 21:22).
그래서 저는 예수님의 이름으로 한 가지 소망을 말씀 드립니다.
주님, 당신께서 제게 아이들을 위해 기도할 수 있는
마음을 허락해 주셨듯이 제가 아이들을 위해
기도한 모든 것들이 이루어질 것이라는
믿음도 주소서.

따듯한 가정을 만들어 가는 길

*

각각 하나님께 받은 자기의 은사가 있으니 하나는 이러하고 하나는 저러하니라.

고전 7:7

당신이 어떤 스타일의 사람이건 그것은 나의 영역이 아니다. 하지만 당신은 결혼을 함과 동시에 두 가지 영역에서 피할 수 없는 책임을 져야 한다. 그것은 바로 가정과 아이들에 대한 책임이다. 심지어 당신이 생계를 위해 밖에서 일하고 남편이 집에 머물면서 가사일을 돌보고 아이들을 양육한다 할지라도 가족들은 당신이 행복한 가정을 꾸려가 주기를 바랄 것이다. 그들은 당신이 가정을 만족과 수용과 활기와 성장과 안식과 사랑의 원천으로 만들어 주기를 바랄 것이다.

무엇보다 가족들은 당신이 성 역할을 잘 감당해 주기를 바랄 것이다. 즉 당신이 음식도 맛있게 잘 만들어 주고, 좋은 엄마의 모습도 보여주기를 바랄 것이다. 그뿐 아니라 당신이 육체적, 감정적, 영적으로도 적절한 역할을 감당해 주기를 바랄 것이다. 그래서 많은 여성들은 이 모든 압박들로 인해 짓눌리기도 한다. 하지만 한 가지 다행스러운 소식이 있는데 그것은 바로 모든 여성들은 하나님께 도움을 구할 수 있다는 사실이다.

주님, 당신께서 제게 주신 능력을 가족들을 위해

평화롭고 안전한 가정을 만들어 갈 수 있는
능력을 잘 발휘할 수 있게 도와 주세요.
또한 제가 해야 할 일들과
하지 말아야 할 일들을 잘 분별할 수 있도록 인도해 주소서.
성령을 저희 가정에 보내 주셔서 저희 가정을 드나드는
모든 사람들이 성령의 평화와 안식을 느낄 수 있게 해 주세요.
행여나 제가 당신께서 저희 가정에 허락하신
아름다운 모습들을 깨뜨리는 실수를 범하지 않도록
저를 붙잡아 주세요.

✲ ✲

집은 지혜로 말미암아 건축되고 명철로말미암아견고히 되며 또 방들은 지식으로 말미암아 각종 귀하고 아름다운 보배로 채우게 되느니라. 잠 24:3-4

바람직한 가정을 이루기 위해 당신은 남편을 가정의 머리로 대우해 주어야 한다. 그럴 때 당신 또한 가정의 가슴이 될 수 있다. 이것은 매우 중요한 원리이다.

하나님께서는 가정을 다스리는 사람으로서 남편을 세우셨다. 그가 그럴만한 가치가 있든 없든 간에 그리고 그런 자리에 앉을 자격이 있든 없든 간에 그는 하나님께서 세우신 가정의 관리자이다. 하지만 이것은 남편의 위치가 다른 가족 구성원들의 위치보다 더 중요하다는 의미는 아니다. 왜냐하면 가족들은 서열을 논하기 전에 조화를 이루어야 할 공동체이기 때문이다.

  이것은 또한 아내는 생계를 위해 밖에서 일을 해서는 안되고 남편은 그저 집에서 가사만을 돌보아서는 안 된다는 의미도 아니다. 남편은 가정의 머리로서 아내는 가정의 가슴으로서 자신의 역할을 올바른 태도로 감당해야 함을 의미한다.

주님, 당신을 향한 저희 부부의 헌신이 날로
강해지고 뜨거워 지기를 기도합니다.
서로를 향한 저희 부부의 사랑 역시 그러하기를 기도해요.
제 남편이 당신께서 원하시는 가장의 모습으로
변화될 수 있게 도와주세요.
그가 가정을 위해 지도력을 발휘할 때마다
제가 그를 어떻게 지원하고 섬겨야 하는지 알려 주소서.
또한 제가 저희 가정을 남편이 늘 돌아오고 싶어하는
장소로 만들수 있게 도와 주세요.
저에게 남편의 소망과 필요가 무엇인지 보여주시고
그가 그것을 얻기 위해 감수해야 할지도 모를 잠재적 난관들은
무엇인지도 알려 주세요.
주님, 저희 가정에 오셔서 저희와 함께 머물러 주세요.

가족을 하나로 엮어 주는 것

※

우리가 선을 행하되 낙심하지 말지니 피곤하지 아니하면 때가 이르매 거두리라.
갈 6:9

당신의 가정을 위해 기도할 때마다 성경이 훌륭한 여성이 갖추어야 할 모습들을 어떻게 말하고 있는지 상기해 보라. 신앙의 여성은 가정을 잘 돌보고 규모있게 꾸려간다. 그리고 물건을 어떻게 팔아야 하고 어떻게 사야 하는지, 재정은 어떻게 해야 하는지 지혜롭게 결정한다.

그녀는 자신의 건강을 잘 관리할 뿐 아니라 강인함을 유지하고 매력적인 옷차림을 하고 다닌다. 그녀는 근면하게 일할 뿐 아니라 경쟁력 있는 기술을 지니고 있다. 그녀는 다른 사람들에게 기꺼이 베풀 뿐 아니라 미래를 위해서도 성실히 준비한다. 그녀는 견고한 가정을 이루어가기 위해 늘 노력한다.

그녀는 자신감이 있으며 견실하며 존경받을 만하며 나이 드는 것을 두려워하지 않는다. 그녀는 지혜로우면서도 친절하게 말한다. 그리고 자신의 가정이 어떤 분위기로 흘러가고 있는지 주의 깊게 관찰한다. 그래서 가족들은 늘 그녀를 존경한다.

그녀는 가족들의 필요를 채워주려고 헌신함과 동시에 스스로의 영역 안에서 열매를 맺기 위해서도 노력한다.

주님, 제가 가족들을 잘 돌볼 수 있도록 도와주세요.
저의 이기적이고 인내하지 못하고 화를 잘 참지 못하는 모습이
친절하고 오래 참고 모든 것들을 기꺼이 수용하는 모습으로
변화되게 해 주소서.
저에게 새로운 마음을 주셔서 제 마음 속에서
당신의 사랑과 평화와 기쁨이 넘쳐나게 해 주세요.
주님, 저만의 힘으로는 저의 한계를 도저히 뛰어 넘을 수 없습니다.
오직 당신만이 저를 변화시키고 도울 수 있으니
항상 저와 함께 하소서.

**

형제가 연합하여 동거함이 어찌 그리 선하고 아름다운고. 시 133:1

얼마나 많은 가족들이 서로를 위해 기도하지 않는 상태로 방치되고 있는가? 그들의 그런 모습을 접할 때마다 너무나 많은 의문을 가진다.

나는 깨어진 가정들을 볼 때마다 슬픔을 느낀다. 그리고 가족 구성원들이 저마다 뿔뿔이 흩어져 서로 연락도 하지 않은 채 살아가는 모습을 보며 안타까운 심정을 느낀다. 게다가 이러한 모습들이 우리 가정에서 점점 더 빈번하게 일어나고 있다는 사실에 침통함을 느낀다. 하지만 실망만하고 있을 수는 없다. "너는 역대의 파괴된 기초를 쌓으리니 너를 일컬어 무너진 데를 수보하는 자라 할 것이며"(사58:12).

하나님께서는 우리의 가정이 새롭게 재건되기를 원하신다. 그리고 주님 안에서 가족 구성원들이 하나로 연합하기를 원하신다. 주님은 위대한 영적 유산들이 세대에 거쳐 전승되기를 원하신다.

주님, 가족들이 당신의 말씀을 통해
서로에 대한 오해를 풀게 해 주세요.
만약 저희 가족들 사이에 분열의 조짐이 있고
서로의 관계가 서먹서먹해지거나 삭막해지고 있다면
당신께서 문제의 핵을 부수어 주시고
그곳에 치유의 빛을 비추어 주소서.
저희가 "서로 다 마음을 같이 하여 체휼하며 형제를
사랑하며 불쌍히 여기며 겸손하게" 되도록
저희를 당신의 말씀으로 지도해 주세요.
예수님의 이름으로 기도하오니
저희 가족 구성원 모두의 마음 속에 사랑과 정을
가득 담아 주시고 결코 끊을 수 없는 강하고 질긴 끈으로
저희들을 한데 묶어 주소서.

::하나님을 찬양하는 5가지 좋은 방법

하나님께서는 우리가 전인격을 드려 찬양하기를 원하신다. 그리고 우리가 당신의 방법을 따라 찬양하기를 원하신다.

1. 하나님께서는 우리가 노래하면서 당신께 찬양하기를 원하신다.
 "할렐루야 우리 하나님께 찬양함이 선함이여 찬송함이 아름답고 마땅하도다"(시편 147편 1절). "기쁨으로 여호와를 섬기며 노래하면서 그 앞에 나아갈찌어다"(시편 100편 2절).

2. 하나님께서는 우리가 손을 들어 당신께 찬양하기를 원하신다.
 "성소를 향하여 너희 손을 들고 여호와를 송축하라"(시편 134편 2절).

3. 하나님께서는 우리가 소리 내어 당신께 찬양하기를 원하신다.
 "이러므로 우리가 예수로 말미암아 항상 찬미의 제사를 하나님께 드리자 이는 그 이름을 증거하는 입술의 열매니라"(히브리서 13장 15절).

4. 하나님께서는 우리가 춤을 추고 악기를 연주하면서 당신께 찬양하기를 원하신다.
 "춤추며 그의 이름을 찬양하며 소고와 수금으로 그를 찬양할지어다" (시편 149편 3절).

5. 하나님께서는 우리가 다른 성도들과 함께 어울려 당신께 찬양하기를 원하신다.

"내가 주의 이름을 내 형제들에게 선포하고 내가 주를 교회 중에서 찬송하리라"(히브리서 2장 12절).

하나님의 약속을 이해하는 것
Understanding His Promises

하는 것
이 해
약 속 을
님의
하 나

당신을 위한 하나님의 계획을 아는 것

*

여호와 하나님은 해요 방패시라 여호와께서 은혜와 영화를 주시며 정직히 행하는 자에게 좋은 것을 아끼지 아니하실 것임이니이다. 시 84-11

하나님은 당신을 향한 위대한 계획과 당신을 통해 이루었으면 하고 바라는 일들이 있다. 그래서 매일매일 당신을 준비시키기 원하신다. 만약 당신이 그분의 이러한 소망을 이루어 드리기 위해서는 두 가지 사실을 믿어야 한다. 첫 번째로 당신이 그 일들을 잘 이루어 갈 수 있도록 하나님께서 가장 좋은 방법을 알려 주실 것이라는 사실을 믿어야 한다.

두 번째로 그 일들을 이루어가는 과정에서 하나님께서 결코 당신을 넘어지게 하지 않을 것이라는 사실을 믿어야 한다.

하나님의 법은 결국 우리에게 기쁨과 유익을 준다. 그것은 결코 우리를 비참하게 만들기 위한 수단이 아니다. 만약 우리가 하나님의 법을 지키면 우리의 삶은 생명력을 얻으며 그렇지않으면 바닥으로 추락하고 말 것이다. 우리가 하나님께 순종한다면 우리의 태도는 분명해지며 순종하지 않는다면 우리의 모습은 혼란스러워질 것이다. 당신이 기도의 응답을 받지 못해 좌절하고 있다면 혹시 그 이유가 불순종 때문은 아닌지 하나님께 여쭈어 보아야 한다. "주님, 혹시 제 삶 속에서 당신의 뜻에 따라 살지 못하고 있는 영역이 있다면 제게 말씀해 주세요"라고 기도해야 한다. 그리고 당신이 원하고 있는 것이 하나님께서도 원하고 계신 것인지 여쭈어 보기 전에는 그것을 달라고 하나님께 계속해서 요구하지 말아야 한다.

주님, 제가 주변 사람들에게 당신의 축복을 전하기 위해
오늘 무엇을 해야 하는지 말씀해 주세요.
특별히 제가 가족들과 친구들과 교회와
당신께서 제 삶 속에서 만나게 하신 모든 사람들을
어떻게 섬겨야 하는지 알려주소서.
저는 제 삶의 유익에만 집착한 나머지
다른 사람들에게
당신의 생명을 전하는 기회를 잃어버리는 어리석음에
빠지고 싶지 않습니다.
제 삶을 향한 당신의 계획이 모두 이루어지기를 원합니다.

※ ※

오라 우리가 여호와의 산에 올라가서 야곱의 하나님의 전에 이르자 그가 그 도로 우리에게 가르치실 것이라 우리가 그 길로 행하리라. 미 4:2

당신은 삶의 매 순간마다 하나님께서 당신을 준비시키고 계신다는 사실을 깨달을 수는 없다. 왜냐하면 하나님의 준비과정은 한 순간에 이루어지는 것이 아니라 시간을 두고 지속적으로 이루어지는 것

이기 때문이다.

당신이 직업을 가지고 있는 미혼여성이건, 스무 살 이하의 자녀들을 9명이나 가진 가정주부이건 그것은 중요한 것이 아니다. 당신이 열 아홉 살이건 아흔 살이건 그것 또한 중요한 것이 아니다. 정말 중요한 사실은 하나님께서는 당신을 통해 위대한 일을 행하시기 위해 매일매일 당신을 준비시키고 계시다는 것이다.

하나님께서 당신을 그분 안에서 깨끗하고 견고하고 성숙하게 만들어 가려고 하실 때 당신은 그것을 기꺼이 받아들여야 한다. 그것은 하나님의 법을 지키면서 경기에 참가하는 행위이다. "경기하는 자가 법대로 경기하지 아니하면 면류관을 얻지 못할 것이며"(딤후2:5).

만약 당신이 하나님께서 지금 당신에게 원하시는 것을 하지 않는다면 당신은 하나님께서 당신을 준비시키시려고 하실 때마다 번번히 실패하고 그분의 계획 한복판에 서지 못하게 될 것이다.

하나님, 제 인생을 향한 당신의 뜻을 보여주시고
제가 그 안으로 들어갈 수 있도록 도와주세요.
제가 당신의 법을 배우고 당신의 길로 걸어갈 수 있도록 도와주소서.
저는 당신께서 저를 위해 준비해두신 길에서
절대 벗어나고 싶지 않습니다.
제 인생을 향한 당신의 계획이 모두 충만하게
이루어지기를 원해요.

하나님이 늘 거기 계시다는 사실을 아는 것

*

여호와께서 사람의 걸음을 정하시고 그 길을 기뻐하시나니. 시 37:23

하나님께서는 모세를 사용하셔서 이스라엘 백성들을 애굽으로부터 해방시키셨다. 그들은 약속의 땅을 향해 걸어갔던 모든 여정을 통해 오직 하나님만을 의지해야 한다는 교훈을 배우게 되었다. 그들은 하나님을 의지하지 않을 때마다 어려움을 겪었던 것이다. 이것은 오늘을 사는 우리에게도 동일하게 적용되는 원리이다. 하나님께서는 우리의 발걸음을 돌려 우리로 하여금 전에는 결코 가보지 않은 장소를 향해 걸어가게 하신다. 그럴 때 우리는 그곳에 도달할 때까지 오직 그분만을 의지해야 한다. 그리고 만약 우리가 그렇게 하지 않는다면 실패할 것이라는 사실을 믿어야 한다. 우리에게는 하나님께서 늘 곁에 계신다는 사실을 굳게 신뢰하는 마음이 필요하다.

우리는 무엇이든 우리의 힘으로 잘 해보고 싶어한다. 왜냐하면 의존은 연약함의 상징이라고 생각하기 때문이다. 우리는 우리가 기꺼이 하나님을 의지할 때 그분께서 우리의 힘과는 비교할 수 없는 능력으로 역사하신다는 사실을 잘 이해하지 못한다. 만약 당신이 인생을 살면서 하나님의 도움 없이는 당신의 발을 한 걸음도 앞으로 내딛지 못할 것 같은 기분을 느끼게 된다면 기뻐하라. 바로 그때 당신을 그분께서 가장 원하시는 장소로 인도하실 것이다.

주님, 저는 제가 있는 모든 곳에 당신이 계신다는 사실을 믿어요.
만약 당신께서 저에게 험한 들판으로 오라고 부르신다면
저는 기꺼이 그곳으로 가겠습니다.
왜냐하면 저는 그곳에서도 당신께서 저와 함께 계실 거라는 사실을
믿기 때문이에요. 제가 두려움과 의심의 길이 아닌 믿음의 길을
걸을 수 있도록 인도해 주세요.
당신께서 저를 위해 준비하신 여정에 당신의 빛을 비추어 주세요.
당신께서 항상 저와 함께 계시다는 사실을
제가 계속해서 신뢰할 수 있도록 인도해 주소서.
만약 제가 지금 처해 있는 상황에 대해 불평하거나 감사하는 마음을
가지지 못하고 있다면 저를 용서해 주소서.
마치 이스라엘 백성들이 당신을 원망하고 불평했을 때
계속해서 광야를 떠돌아다녔던 것처럼
저의 그런 행동은 제 삶의 주변에서 맴돌게만 할 뿐입니다.
제가 그런 태도를 버리고 당신께서 저를 위해
예비하신 약속의 땅을 향해 걸어갈 수 있도록 저를 인도해 주소서.

✱ ✱

너희가 우편으로 치우치든지 좌편으로 치우치든지 네 뒤에서 말소리가 네 귀에

들려 이르기를 이것이 정도니 너희는 이리로 행하라 할 것이며. 사 30:21

만약 당신이 하나님의 인도를 거절하고 다른 길로 걸어가게 된다

면 당신은 정처없이 방황하게 될 것이다. 당신은 때로 어딘가에 도달하기도 할 것이다. 하지만 그곳은 하나님의 축복을 받을 수 없는 장소임에 분명하다. 그렇다면 당신은 여전히 방황하고 있는 것과 마찬가지이다.

당신이 지금 이 순간 어떤 상황에 처해 있든지 그것은 중요하지 않다. 왜냐하면 당신이 어디에 있던 하나님께서는 당신의 길을 선한 것들로 가득 채우실 것이기 때문이다.

하나님께 더 가까이 나아가 보라. 그러면 당신은 그분을 더 깊이 알게 될 것이다. "하나님 여호와께서 우리의 마땅히 갈 길과 할 일을 보이시기를 원하나이다"라고 말해보라. 그러면 그분께서 그 말을 들으실 것이다. 만약 당신이 하나님의 인도에 민감하게 반응하고 그것을 따라 살아간다면 하나님께서는 당신을 그분의 길에서 벗어나지 않도록 하실 것이다. 각각의 걸음마다에서 그분께서는 자신을 더 많이 보여주실 것이다. 바로 지금 당신의 손을 뻗어 하나님의 손을 잡아보라.

그분께서는 당신과 늘 함께 계시고 당신을 결코 실족시키지 않을 것이라는 약속을 당신에게 한 번 더 확인해 주실 것이다.

저는 당신 없이 혼자 경주하려고 할 때마다
경로에서 이탈하고 만다는 사실을 잘 알고 있습니다.
그래서 저는 오늘도 헌신적으로 당신께서 걸어가라고 하신 길을
걷고 싶어요. 때로 연약해서 비틀거리기도 하지만 그때마다
저를 잡아주시고 계속해서 걸을 수 있는 힘을 주셔서 감사해요.
결코 저를 떠나지 않으시고 저버리지 않으셔서 감사합니다.

비록 저는 제가 가고 있는 곳을 정확히 알 수는 없지만
당신께서 저를 가장 필요한 장소로 데려가실 것이라는
사실을 확신해요.
주님, 제가 당신을 전적으로 신뢰하면서
인생 길을 걸을 수 있도록 인도해 주셔서 감사해요.
그리고 그 발걸음마다에 당신의 가장 놀라운 축복들이
주어졌음을 인해 감사합니다.

하나님의 빛 가운데서 살아가는 것

*

이에 저희가 그 근심 중에 여호와께 부르짖으매 그 고통에서 구원하시되 흑암과 사망의 그늘에서 인도하여 내시고 그 얽은 줄을 끊으셨도다. 시 107:13-14

빛이 비추어지기 전까지 모든 것들은 어두울 수밖에 없다. 이와 마찬가지로 만약 우리가 진정한 빛을 소유하지 못한다면 우리는 어두움 속에서 살아갈 수밖에 없다. 반면 우리가 절대로 꺼질 수 없는 빛 즉, 주님의 빛을 소유하고 있다면 우리는 결코 어두움 속에서 살지 않게 될 것이다.

세상에는 다양한 어두움들이 있다. 우리에게는 바로 그 어두움들을 분별할 수 있는 능력이 필요하다. 하나님께서 우리의 삶 속에 들어오시는 것을 거절할 때 바로 영적 어두움들이 존재하기 시작한다. 그리고 무시와 교만과 질투와 분노와 미움과 같은 부정적인 감정들은 또 다른 어두움들을 우리 속에 만들어 낸다.

우리는 우리의 죄로 인해 스스로의 마음 속에 상처를 입히고 어두움을 드리운다. 하지만 하나님께서는 우리가 다시 올바른 길을 찾아낼 수 있도록 그 속에 빛을 비추어 주신다.

주님, 당신께서 저와 함께 늘 동행하시기 때문에
저는 어두움 속에서도 두려워하지 않게 되었습니다.
그것으로 인해 당신께 정말 감사 드려요.

심지어 제가 흑암의 밤을 지새고 있을 때에도
당신께서는 거기서 저와 함께 계셨어요.
제가 칠흙같이 어두운 장소를 헤매고 있을 때에도
당신께서는 저를 위해 밝은 빛을 준비해 두고 계셨어요.
제가 얼마나 어려운 일들을 겪고 있었든지 간에
당신의 임재와 은혜는 늘 저에게 위안과 빛이 되었어요.
어두움 속에 있던 제게 당신께서는 영광스러운 빛을
비추어 주셨습니다.

※ ※

너희 중에 여호와를 경외하며 그 종의 목소리를 청종하는 자가 누구뇨 흑암 중에 행하여 빛이 없는 자라도 여호와의 이름을 의뢰하며 저기 하나님께 의지할찌어다. 사 50:10

한밤중에 당신 집에 전기가 갑자기 끊겼다고 상상해 보라. 아마도 당신은 어두워서 아무 일도 제대로 하지 못하게 될 것이다. 한 걸음을 내딛는 것조차 조심스러워 지게 될 것이다. 당신은 손전등이나 양초 또는 발전기를 찾기 위해 여기 저기 손을 뻗으면서 애를 쓰게 될 것이다. 바로 그때 만약 누군가가 빛이 될 만한 물건을 손에 쥐었다면 당신은 손을 뻗어 그의 손을 잡을 것이다. 그래야 당신은 그와 함께 움직일 수 있게 될 것이기 때문이다. 하지만 만약 당신이 가려고 하는 방향이 그가 가려고 하는 방향과 다르다면 우리는 그 빛을 놓아버릴지도 모른다. 즉, 그 빛은 아무런 소용이 없게 될 지도 모른다.

이것이 바로 하나님께서 우리 삶 속에서 어두움을 사용하시는 방법이다. 만약 우리가 어두움 속에서 하나님의 빛을 발견하지 못한다면 우리는 늘 어두움 속에서 살아가게 될 것이다. 그래서 하나님께서는 우리가 우리의 손을 뻗어 하나님의 빛을 붙잡기 원하신다. 그리고 그것을 잡고 하나님과 같은 방향으로 걸어가기를 원하신다.

주님, 당신께서 허무함과 낙담과 두려움만이 **존재하는**
어두움의 세계에서 저를 건져주실 것을 믿습니다.
저는 염려와 절망을 멀리하고 싶어요.
제가 의심과 불순종의 어두움과 환경 **때문에**
당신을 비난하는 어두움에 **다니지 않도록**
저를 인도해 **주소서.**
주님, 저는 당신께 제 손을 길게 내밀어요.
제 손을 잡아주시고 저를 이끌어 주세요.
제가 매 걸음을 내 디딜 **때**마다
당신의 빛을 제게 비추어 주세요.
저는 당신께서 그렇게 해 주실 것을 믿고 미리 감사 드립니다.

개인적인 관계를 증진시키는 것

✳

누구든지 목마르거든 내게로 와서 마시라 나를 믿는 자는 성경에 이름과 같이
그 배에서 생수의 강이 흘러나리라. 요 7:37-38

나는 홀로 하나님과 대면하는 시간을 충분히 가지지 못할 때마다 마음이 고갈된 나머지 성령충만한 삶을 살아가지 못한다. 마치 계란 껍질이 된 듯한 감정을 느끼게 된다. 나는 너무나 약해져 아주 작은 외부 충격에도 깨질 것 같은 기분을 느낀다.

하나님께서는 내게 있어 정말로 중요한 분이시다. 아니 그분께서는 이 세상 그 어떤 존재와도 견줄 수 없을 만큼 가장 중요한 분이시다. 나는 그 사실을 너무나 잘 알고 있다. 그 무엇도 하나님의 임재를 체험하는 것만큼 내 영혼의 굶주림을 해결해 줄 수 있는 것은 없다.

기도를 통해 하나님과의 개인적인 관계를 유지하고 보존하는 것은 정말 중요한 일이다. 당신은 삶의 모든 측면들을 하나님께 내 놓고 기도해야 한다. 그럴 때 당신은 영적인 차원에서 강해질 뿐 아니라 늘 하나님의 약속을 잊지 않고 기억하게 될 것이다.

당신이 하나님은 어떤 분이신가에 대해 초점을 맞출 때 당신을 어떤 존재로 빚어 가실 것인가에 대해 관심을 갖게 될 것이다.

주님, 당신은 저의 빛이시며 구원이십니다.
당신은 제 삶의 능력입니다. 제가 누구를 두려워하겠어요?

저는 당신이 어디에서나 항상 저와 함께 계신다는
사실을 잘 알고 있기에 마음을 강하게 하고 용기를 얻을 수 있습니다.
만약 저의 마음이 제가 처한 상황 때문에
당신으로부터 멀어지려고 한다면 저의 마음을 돌이켜 주세요.
그래서 오히려 제가 처한 상황을 당신이 주시는
힘을 통해 극복할 수 있게 인도해 주소서.
당신께서는 결코 흔들 수 없는 당신의 왕국을 저에게 주셨어요.
그래서 저는 제 인생의 모든 날들을 당신을 경외하고 섬길 뿐 아니라
당신의 은혜를 간직하면서 살아갈 수 있습니다.

※ ※

오직 여호와를 앙망하는 자는 새 힘을 얻으리니 독수리의 날개 치며 올라감 같을
것이요 달음박질 하여도 곤비치 아니하겠고 걸어가도 피곤치 아니하리로다.
사 40:31

 우리가 선포하든 선포하지 않든 예수님은 주님이시다. 그분은 온 우주를 다스리시는 주님이실 뿐 아니라 개개인의 삶을 다스리시는 주님이시기도 하다.
  만약 예수님을 우리의 개인적인 주님으로 선포하지 않는다면 우리는 결코 그분의 영으로 인도하심을 받지 못하게 될 것이다. 당신이 예수님을 당신의 삶을 다스리시는 주님으로 인정하느냐, 인정하지 않느냐에 따라 당신 삶의 방향과 내용은 판이하게 달라질 것이다.

하나님은 결코 당신 삶의 일부가 되기를 원치 않으신다. 그분은 당신 삶의 모든 것이 되기를 원하신다. 그분께서 당신 삶의 전부가 되게 해 달라고 기도하자.

하나님, 당신께서 제 인생을 향한 방향을 제시해 주셨을 때
제가 즉시 "네"라고 말할 수 있게 도와주세요.
당신을 기쁘게 해 드리기 원합니다.
그리고 당신 앞에서 아무것도 숨기지 않기를 원해요.
저는 저의 모든 관계들과, 재정과 일과 여가와 결정들과
시간과 몸과 정신과 영혼과 욕망과 꿈들을 당신께 내어 드려요.
그 모든 것들을 당신의 손에 내어 맡깁니다.
그래서 그것들이 당신의 영광을 위해 사용될 수 있기를 원해요.
저는 당신을 제 삶의 모든 영역을 다스리시는
주님으로 인정하기를 원합니다.
주님, 저는 당신께서 제 삶의 모든 영역을 통치해 주시기를 원해요.
그리고 당신께서 저를 위해 준비해 두신 모든 것 안으로
제 삶을 인도해 주시기를 원합니다.

하나님 이름 안에서 능력을 발견하는 것

*

지금까지는 너희가 내 이름으로 아무것도 구하지 아니하였으나 구하라 그리하면 받으리니 너희 기쁨이 충만하리라. 요 16:24

당신은 누군가의 이름을 잊어버릴 때가 있는가? 나는 그럴 때가 있다. 누군가의 얼굴은 기억하는데 이름을 기억하지 못할 때가 있다. 가끔 사람들의 얼굴과 이름을 대응시키지 못할 때가 있다. 그럴 때마다 곤욕스러운 감정을 느끼곤 한다. 하지만 하나님의 경우는 조금 다르다.

왜냐하면 그분의 형상은 하나이지만 그분의 이름은 여러 가지이기 때문이다. 만약 우리가 그분의 모든 이름들을 알지 못한다면 우리는 그분의 모든 성품들을 이해하지 못하게 될 것이다. 즉, 우리는 그분의 어떤 성품들은 이해하지만 또 다른 성품들은 이해하지 못하게 될 것이다.

예를 들어 우리는 위로자로서의 하나님을 생각할 수 있지만 구원자로서의 하나님은 미처 생각하지 못한다. 보호자로서의 하나님을 생각할 수 있지만 치료자로서의 하나님은 미처 생각하지 못한다. 어떤 사람들은 하나님을 오직 구속자로만 생각한다. 하지만 하나님은 우리에게 그 이상으로 인식되기를 원하신다. 그분은 우리가 당신의 모든 성품들을 이해하기를 원하신다. 왜냐하면 우리는 하나님을 인식하는 능력만큼 우리의 인생을 살아가게 되기 때문이다.

주님, 오늘도 당신의 이름을 찬양합니다.
왜냐하면 당신께서는 너무나 선하시고
당신의 자비는 영원무궁하시기 때문입니다.
하지만 혹시 제가 당신께서 마땅히 받으셔야 할 경배와 찬양을
드리지 못하고 오히려 그것을 무시할 때가 있었다면
저를 용서해 주세요.
당신께서 저에게 원하시는 모습 즉, 전심으로 당신을 경배하는
모습을 제가 견지하며 살아갈 수 있도록 인도해 주세요.
주님, 저를 진정한 경배자로 만들어 주소서.
당신의 기록하심으로 인해 당신을 경배해요.
그리고 당신의 이름으로 인해 당신께 영광을 드립니다.

✷ ✷

여호와의 이름은 견고한 망대라 의인은 그리로 달려가서 안전함을 얻느니라.

잠 18:10

만약 우리가 예수님을 경외하고 사랑하는 마음으로 그분의 이름을 부른다면 그분의 이름은 우리 안에서 위대한 힘을 발휘하게 될 것이다.

그분의 이름은 우리 안에서 구속과 구원과 치료와 공급과 보호와 그 밖에 여러 가지 능력들을 발휘한다. 이뿐 아니라 하나님의 이름들 또한 이와 동일한 힘을 발휘한다. 즉, 우리가 하나님을 신뢰하고 사

랑하고 경외하고 이해하고자 하는 마음을 가지고 그분의 이름을 부를 때 그분의 이름은 우리에게 축복을 가져다 주며 우리의 믿음을 더욱 견고하게 만들어 준다.

하나님의 이름은 도움이 필요할 때마다 달려갈 수 있는 안전한 장소이다. 아플 때마다 당신의 치료자에게 달려갈 수 있다. 재정적인 어려움을 겪을 때마다 당신의 공급자에게 달려갈 수 있다. 두려움을 느낄 때마다 당신의 은신처로 달려갈 수 있다. 어둠의 시간을 보내고 있을 때마다 당신의 꺼지지 않는 빛으로 달려갈 수 있다.

하나님을 경외하는 마음과 감사하는 마음으로 그분의 이름을 부를 때 그분은 당신에게 가장 귀한 존재로서 당신의 초대에 기꺼이 응하신다.

주님, 당신의 이름에 능력이 있는 것으로 인해
당신께 감사 드립니다.
또한 당신의 이름은 모든 이름 위에 뛰어나실 뿐 아니라
모든 존재들이 당신의 이름 앞에 무릎을 꿇게 됨을 인해
당신께 감사 드려요.
제가 손을 뻗어 당신을 만질 수 있음을 인해
당신께 감사 드려요.
또한 반대로 당신의 이름 안에 있는 능력이 저를 만져주심을 인해
당신께 감사 드립니다.

::당신이 부를 수 있는 하나님의 30가지 위대한 이름

1. 치료자 Healer (시편 103편 3절)
2. 구속자 Redeemer (이사야 59장 20절)
3. 구원자 Deliverer (시편 70편 5절)
4. 나의 힘 My Strength (시편 43편 2절)
5. 피난처 Shelter (요엘 3장 16절)
6. 친구 Friend (요한복음 15장 15절)
7. 대언자 Advocate (요한1서 2장 1절)
8. 소생자 Restorer (시편 23편 3절)
9. 영존하시는 아버지 Everlasting Father (이사야 9장 6절)
10. 사랑 Love (요한1서 4장 16절)
11. 중보자 Mediator (디모데전서 2장 5절-6절)
12. 산성 Stronghold (나훔 1장 7절)
13. 생명의 떡 Bread of Life (요한복음 6장 35절)
14. 은신처 Resting Place (시편 32장 7절)
15. 영원한 빛 Everlasting Light (이사야 60장 20절)
16. 견고한 망대 Strong Tower (잠언 18장 10절)
17. 쉴 곳 Resting Place (예레미야 50장 6절)
18. 진리의 영 Spirit of Truth (요한복음 16장 13절)
19. 폭풍중의 피난처 Refuge from the Storm (이사야 25장 4절)
20. 영생 Eternal Life (요한1서 5장 20절)

21. 공급하시는 주님 The Lord Who Provides (창세기 22장 14절)
22. 평강의 주 Lord of Peace (데살로니가후서 3장 16절)
23. 생수 Living Water (요한복음 4장 10절)
24. 나의 방패 My Shield (시편 144편 2절)
25. 남편 Husband (이사야 54장 5절)
26. 돕는자 Helper (히브리서 13장 6절)
27. 기묘자, 모사 Wonderful Counselor (이사야 9장 6절)
28. 치료하는 여호와 The Lord Who Heals (출애굽기 15장 26절)
29. 소망 Hope (시편 71편 5절)
30. 안위의 하나님 God of Comfort (로마서 15장 5절)

믿음의 기초를 세우는 것
Building Foundations of Faith

믿음의 기초를 세우는 것

순종

*

나의 계명을 가지고 지키는 자라야 나를 사랑하는 자니 나를 사랑하는 자는 내 아버지께 사랑을 받을 것이요 나도 그를 사랑하여 그에게 나를 나타내리라.
요 14:21

내가 삶의 모든 측면들을 놓고 하나님께 기도 드릴 때마다 가장 중요하게 간구하는 것은 바로 매일매일의 삶을 하나님의 말씀에 순종하면서 살아갈 수 있도록 나를 충분히 훈련시켜 달라는 것이다.

나는 신실한 마음으로 내가 마땅히 걸어가야 할 순종의 길을 잘 걸어갈 수 있게 해 달라고 기도한다. 나는 침체된 감정을 느낄 때마다, 나를 향한 하나님의 사랑으로부터 멀어지는 듯한 감정을 느낄 때마다 나를 구원해 달라고 하나님께 간구한다. 그리고 이런 기도를 드릴 때마다 나를 놀라게 하는 사실은 바로 하나님께서 그 기도들을 매우 빨리 응답하신다는 것이다.

나는 점점 더 강하게 단련되어 가고 있으며 견고해져 가고 순종적이 되어 가고 있다. 그리고 나의 믿음은 내가 가진 자연적인 능력에서 기인한 것이 아님을 절실히 깨닫는다.

새로운 방법으로 하나님께 순종하면서 살아갔더니 해가 갈수록 나의 영혼은 회복되었다. 나는 순종의 발걸음을 새롭게 내 디디면서 이전에는 결코 알 수 없었고 상상할 수도 없었던 새로운 축복과 자유를 경험하였다.

주님, 당신은 "만일 우리가 죄 없다 하면 스스로 속이고
또 진리가 우리 속에 있지 아니할 것이요" 라고 말씀하셨습니다.
저는 당신께서 제 인생을 위해 계획해 놓으신 일들을 망각한 채
살아가면서도 그것을 인식하지 못하는 척하면서
저 스스로를 속이고 싶지 않아요.
제가 마땅히 해야 할 일들을 하지 않고 살아갈 때마다
저에게 지혜의 계시를 보여주세요.
또한 제가 마땅히 하지 말아야 할 일들을 할 때마다
저에게 경계의 표시를 보여주소서.

※ ※

하나님의 말씀을 듣고 지키는 자가 복이 있느니라. 눅 11: 28

우리는 하나님께 순종하면서 산다고 스스로 교만한 상태에 빠져서는 안 된다. 왜냐하면 하나님께서는 우리가 끊임없이 새로운 성장의 수준 안으로 들어올 것을 우리에게 요구하시기 때문이다. 또한 우리는 "나는 하나님께로부터 훈련을 받지도 못했고 그분의 교훈을 깨닫지도 못한 사람이야" 라고 말하면서 또 다른 극단에 처해서도 안 된다.

우리는 우리가 해야 할 일들을 하지 않은 것을 두고 변명할 수 없다. 왜냐하면 하나님께서는 우리가 당신께 도움을 요청하고 의지하기만 하면 그 모든 일들을 해낼 수 있는 힘을 우리에게 주시겠다고

약속하셨고 우리는 그것을 알고 있기 때문이다.

그래서 우리는 이렇게 기도해야 한다. "주님, 제가 어떤 상황 속에서도 당신께 순종할 수 있도록 당신께서 원하시는 방법으로 저를 충분히 훈련시켜 주세요. 그래서 제가 당신께서 창조하시고자 하는 모습으로 변화될 수 있게 해 주세요" 만약 사람을 완전하게 하시고 균형 잡히게 하시고 견고하게 하시는 성령님의 역사가 당신에게 임한다면 당신은 그리스도 안에서 자유를 누릴 수 있습니다. 또한 모든 것들을 할 수 있는 능력을 얻게 될 것이다.

오, 주님, 제가 당신께서 저에게 들려주고자 하시는
특별한 교훈들을 들을 수 있도록 인도해 주세요.
당신의 말씀을 명확히 들려주셔서
제가 옳고 그른 것을 잘 분별할 수 있도록 해 주소서.
저는 저의 행동으로 인해 성령님을 근심하게 만들고 싶지 않습니다.
저에게 당신의 도를 끊임없이 가르쳐 주셔서
제가 당신의 임재를 충만하게 경험하면서 살수 있게 하소서.
당신께서 저를 위해 예비해 두신 일을
경험할 수 있게 해 주소서.

고백

*

만일 우리가 우리 죄를 자백하면 저는 미쁘시고 의로우사 우리 죄를 사하시며
모든 불의에서 우리를 깨끗하게 하실 것이요. 요일 1:9

어느 시대, 어느 누구건 죄를 100% 피한다는 것은 불가능하다. 그래서 죄를 고백한다는 것은 정말 중요한 일이다. 만약 우리가 우리의 죄와 잘못과 실수들을 고백하지 않는다면 그것은 우리를 하나님으로부터 멀어지게 할 것이다. 또한 우리는 우리의 기도를 제대로 응답받지 못하게 될 것이다. "오직 너희 죄악이 너희와 너희 하나님 사이를 내었고 너희 죄가 그 얼굴을 가리워서 너희를 듣지 않으시게 함이니"(사 59:2).

우리가 우리의 죄를 고백하지 않을 때 우리는 결국 우리 자신을 하나님께로부터 숨기려 하게 된다. 에덴 동산에서 범죄한 아담과 이브처럼 우리는 하나님과 대면할 수 없을 것만 같은 감정을 느끼게 되는 것이다. 하지만 하나님께로부터 숨으려 하는 모든 시도들은 헛수고에 불과하다. 왜냐하면 성경은 우리가 행한 모든 일들은 결국 드러날 수밖에 없다고 말하고 있기 때문이다.

그래서 우리는 죄 때문에 얻은 상처를 치료받기 위해 한시라도 빨리 우리의 죄를 하나님께 시인해야 한다.

주님, 저는 과거에 일어났던 어떤 일들 때문에

아직까지 용서하지 못하는 마음이 제게 있음을 고백합니다.
그리고 그 일들과 관련된 모든 사람들을 당신께 내어 드려요.
그러니 제게 일어났던 모든 상처들과
오해들을 깨끗이 씻어 주소서.
죄로 얼룩진 과거의 그늘에서 벗어나
당신과 함께 걸어갈 수 있고
당신께서 저를 위해 예비하신 빛 안으로
들어갈 수 있도록 하소서.
저에게 당신의 계시를 보여주시고
당신의 음성을 들려 주소서.

※※

자기의 죄를 숨기는 자는 형통치 못하나 죄를 자복하고 버리는 자는 불쌍히 여김을 받으리라. 잠 28:13

죄를 고백하는 가장 적절한 태도는 바로 죄를 지었다고 인식하자마자 그것을 하나님께 바로 고백하는 것이다. 즉, 우리는 즉시 죄를 고백함으로써 우리의 마음을 깨끗하고 올바르게 잡아 나가야 한다. 고백이란 죄를 하나님 앞에 드러내는 것이다. 그렇다고 그것이 아무 것도 모르고 계셨던 하나님께 어떤 사실을 알리는 것을 의미하지는 않는다.

그분은 이미 모든 것을 알고 계신다. 그는 당신이 죄를 지었다는 사실을 알고 싶어하는 것이 아니라 죄에 대한 당신의 솔직한 태도를 보고 싶어하시는 것이다.

고백이란 단순한 사과이상의 행위이다. 그래서 고백은 아무나 할 수 있는 것이 아니다. 사람들은 모두 사과하는데 익숙해 있다. 그들은 너무나 많은 사과를 하면서 살아가고 있다. 심지어 그들 중 어떤 사람들은 때로 자신의 잘못을 진정으로 인정하지 않으면서도 "미안해"라고 말하기도 한다. 하지만 진정한 고백은 자신이 행한 일들을 구체적이고 완전하게 인정할 뿐 아니라 그것을 철저하게 회개하는 것을 의미한다.

> 주님, 제가 행한 모든 일들과 나에게 일어났던 모든 일들을
> 당신의 발 앞에 벗어 놓습니다.
> 저는 저의 나쁜 기억들을 당신께 벗어 드려요.
> 그리고 당신께서 저를 온전하게 치료하심으로
> 그것들이 저를 더 이상 괴롭히고 상처 입히고 통제하지 못하게
> 되기를 간구해요. 저는 당신께 과거의 실수들을 벗어 놓아요.
> 그러니 그것들로부터 저를 자유하게 하소서.
> 저는 어떤 욕망에 이끌릴 때마다
> 제 힘만으로는 그것을 온전히 거부하지 못해요.
> 하지만 당신은 저에게 그것들로부터 자유 할 수 있는
> 능력을 주실 수 있습니다.
> 저로 하여금 당신의 치료와 구원의 능력을 증거하는
> 사람이 되게 해 주세요.

회개

*

그러므로 너희가 회개하고 돌이켜 너희 죄 없이 함을 받으라 이같이 하면 유쾌하게 되는 날이 주 앞으로부터 이를 것이요. 행 3:19

기독교인이라면 누구나 하나님의 법을 어겼을 때 두려운 마음을 가질 것이다. 하지만 두려운 감정과 그런 일을 다시는 저지르지 않겠다고 결심하면서 슬픔을 느끼는 것은 다른 차원이다.

회개는 당신의 정신을 변화시키는 것을 의미한다. 그것은 지금 가는 길에서 돌이켜 다른 길을 걷기로 결심하는 것을 의미한다. 회개는 당신이 행한 일들을 깊이 뉘우치는 태도일 뿐 아니라 다시 그런 행위를 저지르지 않을 수만 있다면 무슨 일이든 하겠다는 태도이기도 하다.

고백은 우리의 행위들이 잘못되었다는 사실을 인식하고 그것이 죄라는 사실을 인정하는 것을 의미한다. 더 나아가 회개는 우리의 죄를 슬퍼하면서 뉘우치는 것일 뿐 아니라 그것으로부터 돌이켜 전혀 다른 길로 나아가는 것을 의미한다.

매일 당신의 마음에 하나님 앞에서 깨끗하지 않거나 올바르지 않은 부분은 없는지 그분께 여쭈어 보라. 그 무엇도 당신을 향한 하나님의 계획에서 멀어지지 못하게 하라.

주님, 제가 매일 저 자신을 부인함으로
저의 십자가를 지고 당신을 따를 수 있게 해 주세요.
저는 당신께서 누가복음 14장 27절에서 말씀하신 것처럼
당신의 진실한 제자가 되고 싶습니다.
저의 십자가를 지고 걸어갈 수 있도록 저를 도와주세요.
저는 당신을 위해 저의 생명을 잃어버리고자 함으로서
오히려 생명을 얻는 사람이 되고 싶어요.
제가 언제나 당신의 심오한 도를 이해할 수 있도록
제게 영적인 지혜를 주소서.

※ ※

허물의 사함을 얻고 그 죄의 가리움을 받은 자는 복이 있도다

 죄를 회개한다는 것은 앞으로 다시는 그런 죄를 범하지 않을 것을 보장하겠다는 의미가 아니다. 그것은 그런 죄를 다시는 의도적으로 범하지 않겠다는 의미이다. 그래서 만약 당신이 최근에 어떤 죄를 고백하고 회개한 후에도 부지불식간에 다시 그것과 동일한 죄를 지어 그것을 고백하고 회개하고 있다면 그렇게 하라.
 우리는 죄를 지을 때마다 필수불가결하게 고백과 회개의 과정을 거칠 수밖에 없다. 그리고 그 과정을 통해 그 죄의 문제와 싸워 이기는 자기 자신을 발견하게 된다.
 "확실히 하나님은 나를 용서해 주시지 않을 거야. 겨우 지난 주에

고백한 죄와 똑같은 죄를 다시 저질렀으니 말이야"라는 자조적인 생각을 해서도 안 된다. 그분께서는 당신이 그분 앞에서 죄를 고백하고 그것을 진심으로 회개할 때마다 당신을 용서하신다.

  만약 당신이 주님께 초점을 맞추면서 당신의 죄를 회개한다면 그분은 삶 속에서 그 죄를 이길 수 있는 힘을 당신에게 주실 것이다.

> 주님, 제가 기록하지 않은 것들과 구별되어 살아갈 수 있도록
> 저를 도와주세요. 저는 가치 없는 것들에 집중하면서
> 제 인생을 허비하고 싶지 않습니다.
> 제게 무가치한 것들을 인식할 수 있는 분별력을 주시고
> 그런 것들로부터 자신을 분리시킬 수 있는 힘을 주소서.
> 제가 불결한 것들에 저 자신을 내던지지 말게 하시고
> 오직 제 인생을 향한 당신의 계획을 충만히 이루는데
> 저 자신을 드리게 해 주세요.
> 당신께서 저를 위해 준비하신 최선의 것이 아닌 데
> 뿌리를 두고 있는 모든 것들을 멀리하게 해 주세요.
> 그래서 당신께서 원하시는 길로만 걸어가는 제가 되게 해 주세요.
> 제가 가는 길마다 저를 지켜봐 주소서.
> 그래서 혹시 제가 다른 길에서 방황하고 있다 할지라도
> 곧 발걸음을 돌이켜 당신의 길로 향할 수 있게 인도해 주세요.

양도

*

우리가 살아도 주를 위하여 살고 죽어도 주를 위하여 죽나니 그러므로 사나 죽으나 우리가 주의 것이로라. 롬 14:8

하나님을 향한 마음을 갖고 있는 젊은이들이 예배를 인도하고 말씀을 가르치는 은사를 훌륭하게 발휘하는 것을 목격한다. 하지만 그들 중 많은 사람들은 자신의 인생을 주님께 완전히 양도하지 못한 채 살아간다. 그들은 계속해서 자신의 방식대로 행동하고 급기야 일이 잘 되지 않을 때에는 심한 낙심에 빠지기도 한다. 만약 그들이 자신의 인생을 하나님께 온전히 의탁하고 "주님, 당신께서 원하시는 것이라면 무엇이든 하겠어요"라고 고백할 수 있다면 하나님께서는 그들을 더욱 강한 사람으로 만들어 주시고 삶의 모든 영역을 축복으로 가득 차게 해 주실 것이다.

왜 어떤 사람들은 주님 안에서 전혀 성장하지 못하고 있는 것처럼 보이는가? 또는 그들이 받은 은사를 조금도 사용하지 못한 채 얼어붙어 있는 것처럼 보이는가? 내가 확신하기로는 그 대답은 바로 "양도"라는 말에 있다. 만약 그들이 자신의 모든 것을 내려놓고 "주님, 저는 이제 포기해요. 저의 모든 것을 가져가세요. 저는 이제 당신 말씀대로만 살아가겠어요"라고 고백할 수 있다면 그들의 삶은 모든 영역에서 아름답게 변화될 것이다.

주님, 오늘 당신 앞에 머리를 숙여 제 인생의
모든 영역을 다스리는 주인은 오직 당신뿐이라는
사실을 선포합니다.
저는 저 자신과 제 인생을 당신께 양도해요.
그리고 당신께서 제 마음과 영혼과 육체의 모든 부분을
다스리시도록 당신을 초청해요.
저는 온 마음과 온 영혼과 온 정신을 다해 당신을 사랑해요.
저의 전 존재를 통해 당신을 신뢰합니다.
오늘뿐 아니라 언제나 저의 삶의 모든 영역을 다스리시는
주인은 오직 당신 뿐이라는 사실을 선포할 거예요.

✲✲

아무든지 나를 따라 오려거든 자기를 부인하고 날마다 제 십자가를 지고 나를
좇을 것이니라 누구든지 제 목숨을 구원코자 하면 잃을 것이요 누구든지 나를
위하여 제 목숨을 잃으면 구원하리라. 눅 9:23-24

왜 우리는 "주님, 당신께서 원하신다면 저는 무엇이든 하겠어요"
라는 단순한 말을 그렇게도 어려워 하는가? 그것은 아마도 자신이
원하는 것을 하면서 살고 싶어하기 때문일 것이다. 그리고 하나님께
서 원하시는 것을 제대로 해내지 못할 것이라는 두려움을 갖고 있기
때문일 것이다.

우리는 하나님께서 우리에게 상처를 주실 것 같은 기분을 느끼는

것이다. 우리는 자주 "예수님은 저의 주님이세요"라고 말한다. 하지만 그것은 의미 없는 소리에 불과할 때가 많다. 그분을 주님이라고 고백하는 것보다 더 중요한 것은 그분의 말씀에 순종하면서 살아가는 것이다. 예수님께서도 이렇게 말씀하셨다. "너희는 나를 불러 주여 주여 하면서도 어찌하여 나의 말하는 것을 행치 아니하느냐?" (눅6:46)

만약 당신이 인생에 있어 어떤 발전을 경험하지 못한다면 당신은 진정으로 자신을 하나님께 내어 맡기고 있는지 점검해 보아야 할 것이다.

당신은 정말 예수님을 주인의 자리에 모시고 있는가? 당신은 정말 모든 것을 예수님께 양도했는가? 만약 그렇지 않다면 당신은 두 손을 들어 항복하면서 그렇게 하기 위한 첫 발을 내디뎌야 할 것이다.

> 주님, 저는 당신께서 원하시는 것이라면 무엇이라도 하겠습니다.
> 저는 당신께서 요구하시는 것이라면
> 무엇이든 "네"라고 대답하겠어요.
> 그것이 저 자신을 죽이고 저의 소망을 포기하는 것을 의미할지라도
> 말이에요. 저는 제 삶 속에서 당신을 더 많이 소유하기 위해
> 육신의 일들을 포기하길 원해요.
> 저는 그냥 집에 있고 싶을 때에도 교회로 가겠어요.
> 저는 잠을 자고 싶을 때에도 기도의 자리로 나아 가겠어요.
> 저는 TV나 보고 싶을 때에도 당신의 말씀을 읽겠습니다.
> 나의 만족을 위해 돈을 쓰고 싶을 때에도
> 그것을 당신을 위해 사용하겠어요.

어떤 일을 만나더라도
찬양과 경배가 저의 첫 번째 반응이 되게 하겠어요.
저는 당신을 기쁘게 해드리는데 온 힘을 다하고
저를 향한 당신의 모든 계획 속으로 들어가려고 늘 애쓰겠습니다.

거룩

*

자기의 육체를 위하여 심는 자는 육체로부터 썩어질 것을 거두고 성령을 위하여 심는 자는 성령으로부터 영생을 거두리라. 갈 6:8

거룩하게 된다는 것은 완전하게 된다는 것이 아니다. 그것은 거룩하신 하나님께서 당신 안에 계시도록 하는 것이다. 우리는 우리의 힘으로 거룩하게 될 수 없다. 하지만 삶의 모든 영역에서 거룩과 순결을 선택할 수 있다.

우리는 우리 속에 있는 하나님의 거룩하심을 희석시키는 것들로부터 우리 자신을 분리시킬 수 있다. 우리는 육체와 함께 그 정과 욕심을 십자가에 못 박은 그리스도인이기 때문에 능히 그것들을 할 수 있다. 우리는 자신을 하나님께 드림으로 순결한 삶을 살 수 있다.

하지만 우리는 인생을 살면서 하나님께서 가까이 계시지 않는 것 같고 기도를 들으시지도 응답하시지도 않는 것 같아 절망하기도 한다. 즉, 거룩하지 못한 삶을 살아감으로 하나님과 올바른 관계를 맺지 못할 때가 있다. 하지만 바로 그때 우리는 그분과의 관계를 다시 회복해야 한다. 다시금 의롭고 순결하고 거룩한 삶을 살기로 결심해야 한다.

그럴때 하나님은 우리의 기도를 들으시고 응답하실 것이다.

주님, 당신은 성경을 통해 제게 요구하시는 것은

불결이 아닌 거룩이라는 사실을 말씀해 주셨어요.
당신께서는 제가 당신 앞에서 흠 없고 거룩한 존재가
되게 하시려고 저를 선택하셨습니다.
저는 예수님의 보혈을 통해 저의 죄가 깨끗이 씻기어 졌다는
사실을 알고 있습니다. 제가 그것으로 만족하지 않고 계속해서
거룩한 삶을 살 수 있도록 도와 주세요.
제가 육체 가운데 살아가지 않고 성령 안에서 살아갈 수 있도록
인도해 주세요.
저에게 당신의 의의 옷을 입혀 주시고 진리와 거룩함으로
새 사람을 입는 축복을 내려 주소서.
성령의 능력으로 계속해서 순결한 삶을 살아갈 수 있게 해 주세요.
제가 원한 것을 계속 붙들 수 있도록 인도해 주시고
자신을 순결하게 유지해 갈 수 있도록 도와 주소서.

※ ※

마음이 청결한 자는 복이 있나니 저희가 하나님을 볼 것임이요. 마 5:8

우리는 오직 하나님의 은혜를 통해 거룩한 삶을 살아갈 수 있다.
우리는 이미 하나님께로부터 선택받은 백성이 되었지만 계속해서
그분의 은혜를 간구해야 한다. 왜냐하면 하나님의 은혜가 없이는 그
분께서 우리에게 요구하시는 일들을 결코 행할 수 없다.
하나님께서는 거룩이 얼마나 중요한 것이며, 그것을 구하는 것이

얼마나 필요한 것임을 우리가 알기 원하신다. 우리는 은혜로 구원을 받았다고 하여 죄에 대해 무관심해도 된다는 생각을 해서는 안 된다. 그리고 하나님께서 뒷수습을 다 해 주실 것이기 때문에 우리가 원하는 것이면 무엇이든 해도 된다고 생각해서도 안 된다. 우리는 끊임없이 하나님과 동행해야 한다. 그리고 예수님께서 십자가의 피를 지불하시고 우리를 사셨다는 사실을 잊지 말고 그것을 묵상하면서 살아가야 한다.

사람들은 삶 속에서 거룩을 외면하려고 한다. 하지만 사람들의 마음 속에는 본질적으로 거룩을 동경하는 마음이 있다. 하나님께서 가지고 계신 거룩의 아름다움을 당신 또한 공유할 수 있게 해 달라고 그분께 간구해보라.

주님, 당신께서 거룩하시듯
저 또한 거룩하게 되기를 원해요.
제가 당신의 거룩하심을 공유함으로
저의 영과 혼과 육체가 흠이 없게 되기를 원합니다.
저는 당신께서 저에게 순결하고 거룩한 삶을 살라고
요청하신다는 사실을 잘 알고 있어요.
당신께서 저를 계속해서 순결하고 거룩한 사람으로
만들어 가실 것을 믿게 해 주셔서 감사합니다.
저를 향한 당신의 계획을 제가 온전히 이루어 드리도록
준비된 삶을 살아갈 수 있게 인도해 주소서.

::거룩하게 살 수 있는 7가지 방법

1. 거룩은 당신 자신을 세상으로부터 분리시키는 것을 의미한다.

   이것은 독불장군이 되라거나 자신을 고립시키라거나 불신자들과 아무런 대화도 나누지 말라는 의미가 아니다. 이것은 당신의 마음을 세상의 가치 체계에 몰입시키지 말라는 의미이다. 당신은 그 어떤 것들보다 하나님께서 가치 있게 여기시는 것들을 가치있게 여겨야 한다.

2. 거룩은 당신 자신을 깨끗게 하는 것을 의미한다.

   당신 자신을 깨끗게 하라는 말은 거룩하지 못한 당신의 모습을 모두 가리기 위해 흰색 겉옷을 입으라는 의미가 아니다. 이것은 당신의 마음을 깨끗게 하시는 한 분 즉, 거룩하신 하나님을 구하라는 의미이다.

3. 거룩은 육신 안에서가 아닌 성령 안에서 살아가는 것을 의미한다.

   우리의 육신적인 생각은 육신적인 행동만큼이나 존재의 질을 격하시킨다. 당신이 육신 안에서가 아닌 성령 안에서 살아갈 수 있도록 하나님께 도움을 구하라.

4. 거룩은 성적 부도덕으로부터 성결을 유지하는 것을 의미한다.

   우리 시대에 가장 공공연하게 만연되어 있는 최대의 거짓말은 바로 성적인 죄는 괜찮다는 것이다. 당신의 정신과 영혼과 육체가 성적인 성결을 지켜갈 수 있게 해 달라고 하나님께 기도드리라.

5. 거룩은 예수님에 의해 정화되어 가는 것을 의미한다.

한번 예수님을 받아들이게 되면 우리는 계속해서 이전의 죄악 된 생활습성대로 살아갈 수 없게 된다. 이제 우리는 예수님을 소유했고 우리를 인도하시고 변화시키시는 성령님을 모시게 되었다. 우리는 더 이상 변명할 수 없게 되었다.

6. 거룩은 하나님과 가까이에서 걸어가는 것을 의미한다.

만약 우리가 하나님과 가까이에서 걸어가는 것과 순결하고 평화롭게 살아가는 것을 추구하지 않는다면 우리는 하나님을 명확하게 바라볼 수 없게 된다. "모든 사람으로 더불어 화평함과 거룩함을 좇으라 이것이 없이는 아무도 주를 보지 못하리라"(히12:14)

7. 거룩은 하나님께서 당신을 계속해서 붙들어 주시도록 하는 것을 의미한다.

거룩은 잠옷처럼 벗었다 입었다 할 수 있는 그런 것이 아니다. 거룩은 우리의 삶을 향한 하나님의 뜻이며 하나님께서 태초부터 우리를 위해 계획하신 것이다. 하나님께서는 우리가 거룩하게 살 수 있는 길을 만들어 두셨다. 그리고 그분께서는 우리가 계속해서 거룩 안에서 살게 하실 수 있다. 우리의 마음이 순결한 삶을 원하고 올바른 행동을 원할 때 하나님께서는 우리가 죄에 떨어지지 않도록 늘 우리를 붙들어 주실 것이다.

시험에 직면하는 것
Facing Trials

시험에 직면하는 것

자신이 혼자가 아니라는 사실을 믿는 것

*

주께서 나의 앉고 일어섬을 아시며 멀리서도 나의 생각을 통촉하시오며 나의 길과 눕는 것을 감찰하시며 나의 모든 행위를 익히 아시오니. 시 139:2-3

하나님께서는 당신이 그분의 임재를 느끼기를 원하신다. 그분께서는 당신이 두려움을 느낄 때마다 그분께로 나아갈 수 있고 그분의 평화를 맛볼 수 있다는 사실을 믿기 원하신다.

당신은 지쳐 있을 지라도 그분의 능력을 경험할 수 있다.

당신은 공허해 있을 지라도 그분의 충만을 경험할 수 있다.

당신은 슬픔에 젖어 있을지라도 그분의 기쁨을 경험할 수 있다.

그리고 거센 파도 한 가운데 있을지라도 안식처와 공급처가 되시는 그분을 발견할 수 있다.

매일매일의 삶과 경험들을 그분 앞으로 가지고 가보라. 당신의 어려움들과 필요들을 놓고 그분께 간절히 기도해보라.

주님, 오직 당신만이 제 마음에 깊이 자리 잡고 있는
공허한 장소를 채워주실 수 있어요.
저는 당신께서 저를 절대로 버리지 않으시고
제 일생을 일관되게 인도하실 것이라는 사실을 잘 알고 있습니다.
당신을 제외한 다른 모든 것들은 일시적인 것들이고
변하는 것들이에요. 당신은 진하신 하나님이세요.

그리고 저를 향한 당신의 사랑은 끝이 없어요.
저는 이 사실들을 분명히 믿습니다.
제가 저의 모든 짐들을 당신 앞에 내어 놓을 때마다
당신께서 그것을 대신 옮겨 주신다는 사실을 늘 경험하게 해 주소서.
주님, 저와 함께 동행해 주세요.
그리고 제 손을 잡고 저를 인도해 주세요.
그래서 제 얼굴에는 당신의 빛이 반짝이게 하시고
제 마음에는 당신의 기쁨이 넘쳐나게 해 주소서.

✶ ✶

내가 간구하는 날에 주께서 응답하시고 내 영혼을 장려하여 강하게 하셨나이다.

시 138:3

나는 깊은 외로움을 느꼈던 인생의 항로를 기억한다. 그 당시 나는 어떤 특별한 도움이 필요할 만큼 힘겨운 삶을 살아가고 있었다. 너무나 억눌린 나머지 하나님께 나아가지 않을 수 없었다. 나는 손을 높이 들고 그분께 울부짖었다. "주님, 왜 저는 항상 외로움을 느끼면서 살아가야 하나요? 당신께서는 저의 모든 필요들을 채워주겠다고 약속하셨잖아요. 저는 당신께서 이 외로움을 저에게서 없애주시기를 원해요."

그런 기도를 하던 중 하나님께서 당신의 팔로 나를 감싸주시는 듯한 감정을 느꼈다. 그것은 너무나 실제적인 경험이었다. 더 놀라운 사실은 그 이후로는 이전과 같은 외로움을 더 이상 느끼지 않았다는 것이다. 외로움을 느끼는 것은 하나님께서 당신과 많은 시간을 보내라고 손짓하면서 부르시는 신호임을 알게 되었다. 또한 내가 외로움을 느끼는 것은 하나님의 잘못 때문이 아니라는 사실도 알게 되었다. 하나님께서는 외로움을 느끼고 있는 나를 결코 외면하지 않으신다는 사실도 알게 되었다. 그분께서는 나의 외로움을 이해하실 뿐 아니라 내 마음에 자리잡고 있는 공허한 장소를 당신의 사랑으로 가득 채우기를 원하신다.

내가 그분을 모셔 드리려 할 때마다 그분은 항상 내게 다가오셨다.

주님, 당신을 부르는 모든 사람들에게 가까이
다가와 주셔서 감사해요.
그리고 당신을 경외하는 사람들의 소망을
만족시켜 주셔서 감사합니다.
저의 부르짖음을 들어주셨을 뿐 아니라
제가 연약해져 당신께서 저를 위해 준비하신 길에서
멀어지려 할 때마다 저를 구원해 주셔서 감사해요.
그리고 외로움을 느낄 때마다
저를 당신께로 점점 더 가까이 이끌어 주심으로
그것을 극복할 수 있게 해 주셔서 감사합니다.

의지하는 법을 배우는 것

*

다시 밤이 없겠고 등불과 햇빛이 쓸데 없으니 이는 주 하나님이 저희에게 비춰 심이라. 계 22:5

점점 더 하나님께서는 삶의 모든 단계에서 당신을 신뢰하는 법을 내게 가르치신다. 그분은 내가 편안한 상태에서 안주하는 것을 원치 않으신다. 내가 익숙한 것에 머물러 있으려 할 때마다 새로운 영역으로 걸어 나오라고 내게 말씀하신다. 그리고 어려운 육체적, 정신적, 감정적 도전들과 과감히 맞서 싸우라고 격려하신다. 그리고 그분의 능력 없이 나 혼자만의 힘만으로는 아무 것도 할 수 없다는 사실을 알게 하신다.

나는 삶의 매 순간마다 그분을 신뢰한다. 그리고 숨을 쉬고 있는 것만으로도 그분께 감사 드린다. 나는 어떠한 상황과 만난다 할지라도 그분의 축복을 갈망하기로 결정할 것이다. 나는 확실한 보장이 없는 상황에서도, 그리고 그것이 나를 두렵게 할지라도 그분께서 인도하시는 곳이라면 그리로 걸어갈 것이다.

왜냐하면 나는 마음 깊은 곳으로부터 이렇게 단순한 믿음의 발걸음들이 영원을 향한 준비의 일환이 된다는 사실을 너무나 잘 알고 있기 때문이다.

주님, 저는 모든 일에서 당신을 의지해요.

저는 제 자신을 믿는 것을 포기합니다.
저로 하여금 자신의 한계를 인정하게 하셔서
당신의 빛을 바라볼 수 있는 사람이 되게 해 주소서.
저로 하여금 당신의 지혜와 계시를 얻게 하셔서
당신께서 저를 위해 준비해 놓으신 길로 걸어가게 해 주소서.
저로 하여금 과거의 굴레에서 발을 떼게 하시고
당신께서 예시하신 영원한 미래를 향해 전진하게 해 주세요.
당신께서 저의 길을 비춰주실 때마다
그 길만을 따라 걸어가게 인도해 주소서.

✼ ✼

자기의 마음을 믿는 자는 미련한 자요 지혜롭게 행하는 자는 구원을 얻을 자니라.
잠 28:26

우리에게는 꼭 알아야 할 사실이 있는데 그것은 바로 당신과 나는 완전하지 않다는 것이다. 이 세상 그 누구도 완전할 수 없다. 이 세상 그 누구도 죄를 짓지 않고 살아갈 수는 없다. 이 세상 그 누구도 문제 없이 살아갈 수 없다.

우리 중에서 인생의 진리를 다 알고 있고 그것을 스스로 실천할 수 있기 때문에 더 이상 하나님과 동행하지 않아도 될 사람은 아무도 없다. 우리 중에서 너무나 완벽하기 때문에 하나님께의 도움이 필요하지 않은 사람은 아무도 없다. 우리 중에서 모든 것을 가지고 있기 때문에 더 이상 바랄 것이 없는 사람은 아무도 없다.

그래서 우리는 마음을 열고 솔직해져야 한다. 자기 자신의 한계를 스스로에게 인정해야 한다. 그리고 다른 사람들에게도 그것을 드러낼 수 있어야 한다. 정직한 마음과 행위를 통해 우리는 자유로운 사람이 될 수 있다.

그뿐 아니라 우리는 우리의 불안전을 하나님 앞에서 솔직히 인정할 때 하나님을 의지하게 된다. 그럼으로써 그분께서 주시는 자유함을 만끽할 수 있게 된다.

주님, 제가 불확실한 미래 때문에 염려하지 않고
대신 당신 안에 있을 때 저의 미래는 안전하다는 사실을
깨닫고 평안을 누리게 해 주세요.
저는 당신의 손을 결코 놓지 않을 겁니다.
그래서 영원을 향한 발걸음을 결코 멈추지 않을 거예요.
저는 하늘 나라에 많은 보물들을 쌓아 두길 원합니다.
그래서 제가 그곳에 도착했을 때에는 그곳이
제게 너무나 친숙한 곳으로 느껴지길 원해요.
그리고 당신과 함께 영원한 미래를 위해 걸어갔던 발걸음들이
최후의 종착점에 도달했을 때 바로 그곳에
당신께서 계실 것을 믿습니다.
그리고 저의 발걸음들이 고스란히 거기에
기록되어 있을 것을 믿어요.
제가 인생의 매 순간마다
당신을 의지할 수 있게 인도해 주소서

주님을 기다리는 것

*

오직 여호와를 앙망하는 자는 새 힘을 얻으리니 독수리의 날개 치며 올라감 같을 것이요 달음박질하여도 곤비치 아니하겠고 걸어가도 피곤치 아니하리로다.

사 40:31

당신은 인생을 살면서 기다리고 있는 자기 자신을 얼마나 많이 발견했는가? 변화를 가져다줄 일들, 더 많은 재물, 더 좋은 관계, 가장 적절한 진로, 함께 인생을 걸어갈 동반자, 당신의 진가를 인정해 줄 사람들을 위해 당신은 얼마나 기다렸는가? 기다리는 것을 좋아하는 사람은 거의 없다. 하지만 하나님께서는 기다림이 우리에게 유익을 준다고 말씀하셨다. 왜냐하면 우리는 기다림을 통해 인내하는 법을 배울 수 있기 때문이다.

하나님께서는 우리에게 인내가 필요하다고 말씀하셨다. 왜냐하면 우리는 그것을 통해 온전해질 수 있기 때문이다. 인내는 온전하신 하나님의 주요한 성품 중 하나이다. 그래서 인내할 때 우리는 하나님을 닮아가게 된다. 우리는 극심한 시험을 당하고 있거나, 험한 길을 걸어가고 있거나, 꿈을 상실했거나, 불길한 가운데 서 있을 바로 그때 우리에게 반드시 필요한 것 즉, 인내하는 법을 배워야 한다.

주님, 저는 오늘도 당신을 기다립니다.
저는 당신의 말씀 속에서 제 **소**망을 발견하고 싶어요.

그리고 성령께서 저의 마음을 새로움으로 가득 채우시고
제 마음에 있는 모든 염려와 의심을 물리쳐 주시기를 원해요.
당신의 빛이 제 영혼의 어두운 구석구석을 비춰셔서
반드시 드러나야 할 곳을 드러나게 하소서.
저는 인내심 없는 사람이 되고 싶지 않아요.
당신께서 제 안에서 행하시고 열망하시는 것들을
기다리지 못하고 신뢰하지 못하는
사람이 되고 싶지 않습니다.
주님, 제가 인내할 줄 아는 사람이 되게 도와주세요.
제가 당신을 닮은 사람이 되게 인도해 주소서.

✳ ✳

너는 여호와를 바랄지어다 강하고 담대하며 여호와를 바랄지어다. 시 27:14

　당신으로 하여금 어두움의 시간 속에서도 하나님을 기다릴 수 있게 하는 것은 기도 이외에도 몇 가지가 더 있다. 그것은 바로 하나님의 말씀 안에 머물고자 하는 열정과 하나님을 계속해서 알아가고자 하는 태도이다. 하나님께서 당신에게 주신 재능과 능력은 무엇이며 당신이 그것을 개발할 수 있는 방법은 무엇인지를 놓고 하나님께 간구해보라. 당신이 새롭게 시작해야 할 일은 무엇이며 멈추어야 할 일은 무엇인지 알려달라고 하나님께 요청하라. 아마도 하나님께서는 당신이 그렇게 하기만을 기다리고 계실지 모른다.

만약 당신이 계속해서 하나님과 동행하려 하고 올바른 길로만 발걸음을 내딛는다면 당신은 결국 당신에게 있어 최선의 장소에 도달하게 될 것이다. 그것은 끝이 없을 것 같은 긴 여정처럼 느껴지기도 한다. 하지만 결코 낙담하지 말라. 하나님께서는 당신을 위해 오랫동안 준비해 오신 일을 가장 좋은 시점에서 행하실 것이다.

그분께서는 그 시점을 인내하면서 기다리고 계신 것이다. 그래서 당신 역시 하나님을 본받아 스스로에게 이렇게 말할 수 있어야 할 것이다. "여호와 앞에 잠잠하고 참아 기다리라"(시 37:7).

주님, 비록 제 인생이 제 자리 걸음을 하고 있는 것처럼 보일지라도
저는 한 가지 사실을 깨닫고 있어요.
그것은 바로 제가 당신께 집중하고 있는 한 당신께서 저를 위해
예비하신 길을 향해 걸어갈 수 있다는 사실입니다.
제가 당신을 기다리는 만큼 당신의 방법을
더 깊이 이해할 수 있도록 도와주소서.
당신을 기다리면서 조바심을 내거나 절망감을 느끼지 않도록
인도해 주소서. 왜냐하면 당신께서 결정하시는 때는
제가 결정하는 때보다 더 완전하기 때문입니다.
당신께서 완전한 타이밍에서 제 인생을 인도하실 것이라는
사실을 제가 믿음의 눈으로 바라볼 수 있게 해 주소서.
그로 인해 제가 당신 안에서 쉼을 얻을 수 있도록 해 주세요.
그리고 당신께서 비춰 주시는 빛을 보고 걸어가는 것만으로도
만족감을 느낄 수 있도록 인도해 주세요.

믿음 안에서 굴하지 않는 것

*

여호와는 나의 빛이요 나의 구원이시니 내가 누구를 두려워하리요 여호와는 내 생명의 능력이시니 내가 누구를 무서워하리요. 시 27:1

기억하라, 만약 당신이 충분히 기도하고 있지 못하다면 당신은 큰 변화를 기대할 수 없다. 당신의 인생은 바다를 가로질러 대륙을 횡단하는 거대한 쾌속선이다. 그것은 알지 못하는 사이에 변화를 경험한다. 그리고 어느 시점에서 되돌아보면 이전과는 전혀 다른 방향으로 나아가 있기도 하다. 하지만 처음부터 그런 변화가 감지되는 것은 아니다.

기도하는 것 역시 마찬가지다. 기도는 분명 당신의 인생을 변화시킬 수 있다. 하지만 당신이 하나님께 무슨 말인가를 중얼거리며 기도라는 것을 처음 시작할 때부터 어떤 큰 변화가 일어나는 것은 아니다.

당신의 기도가 응답 받는 기도가 될 수 있도록 끝까지 기도를 포기하지 말아야 한다. 기억하라, 당신이 하고 있는 여행은 항구 주변만을 구경하는 가벼운 주말 유람이 아니다. 이것은 당신의 운명을 결정짓는 평생에 걸친 여정이다. 여기에서 포기란 선택해서는 안 될 목록이다.

주님, 저는 저를 가장 두렵게 하는 것들을 당신께 맡겨 드려요.
그리고 그것들로부터 저를 보호해 주실 뿐 아니라

제가 사랑하는 사람들까지 보호해 달라고 당신께 간구합니다.
저는 저의 원수들이 저를 흑암 한 구석에 머물게 하고
제 심령을 상하게 하려 한다는 사실을 잘 알고 있습니다.
그러니 제가 걸어가야 할 길을 보여 주시고
제 영혼을 당신께 맡기도록 인도해 주소서.
제가 어두움 한 가운데서와 불가항력적인 상황에서도
당신께서 하시는 말씀을 들을 수 있도록
저에게 지혜와 용기와 명료한 정신을 주세요.
저의 인생이 당신의 영광과 능력을 드러내는 살아있는 증거가
되게 해 주세요. 제가 당신께서 비춰주시는 빛을 보고 걸어감으로
당신의 자녀임을 늘 인식하게 해 주소서.

※ ※

너희가 만일 믿음이 한 겨자씨만큼만 있으면 이 산을 명하여 여기서 저기로 옮기라 하여도 옮길 것이요 또 너희가 못할 것이 없으리라. 마 17:20

주님을 향한 당신의 헌신이 커지면 커질수록 당신을 향한 사탄의 괴롭힘은 더욱 더 거세진다는 사실을 명심해야 한다. 만약 당신이 하나님을 향한 더 깊은 헌신의 단계로 나아가려 한다면 또는 하나님께서 주시는 새로운 구원과 자유함 속으로 들어가려 한다면 또는 하나님께서 원하시는 새로운 사역을 감당하려 한다면 사탄은 그것을 어떻게든 그만두게 하려고 안간힘을 쓸 것이다.

사탄은 당신을 포기시키려고 모든 방법을 동원할 것이다. 비록 사탄은 하나님만큼 강한 능력을 가지고 있지 못하고 그분만큼 당신에게 가까이 다가오지 못한다 할지라도 그는 당신의 생각을 바꾸어 놓으려고 애쓸 것이다. 그는 자신이 전쟁에서 이기고 있다고 말하면서 당신을 속이려 할 것이다. 하지만 그는 이미 오래 전에 전쟁에서 패배한 상태다.

당신의 원수가 당신 영혼의 귀에 대고 하나님께서 당신을 위해 계획에 놓으신 길 이외에 다른 길을 제시한다 할지라도 결코 그것에 속지 말라.

주님, 저를 위해 십자가 위에서
고통 당하시고 죽기까지 하신 것 정말 감사 드려요.
그리고 죽음과 지옥의 권세를 이기시고
다시 부활 하신 것도 감사 드려요.
저는 당신께서 이루신 이 모든 것들로 인해
저의 원수가 패배했다는 사실을 믿습니다.
또한 저에게 그를 이길 수 있는 권세를 주신 것도 믿어요.
저는 성령의 능력을 통해 사탄을 성공적으로 대적할 수 있을 뿐
아니라 그가 저에게서 달아날 수밖에 없다는 사실을 믿어요.
제가 믿음의 자리로 나아가지 못할 때 저에게 용기를 주소서.
당신께서 저에게 주신 권세를 사용하는 방법을 가르쳐 주세요.
그래서 제 삶의 모든 영역에서 일어난 사탄의 패배를
제 영혼의 눈으로 볼 수 있게 해 주소서.

도움을 구하는 것

*

너희가 악할지라도 좋은 것을 자식에게 줄줄 알거든 하물며 너희 천부께서 구하는 자에게 성령을 주시지 않겠느냐. 눅 11:13

우리 마음이 성령님으로 충만해지는 것은 우리의 의지를 제어할 때 일어나는 것이 아니다. 그것은 우리가 마음문을 열고 마땅히 열망해야 할 것을 열망할 때 그리고 구해야 할 것을 구할 때 일어나는 것이다. 그래서 우리는 성령님으로 충만한 삶을 살 것인가 그렇지 않을 것인가를 선택할 수 있다.

하나님께서는 우리가 성령님을 갈망하기를 원하신다. 그분께서는 우리가 마음을 다해 내주하시는 영이신 성령님을 간절히 사모하기를 원하신다.

당신이 명확히 인식해야 할 것은 성령님께서는 무한한 능력을 가지고 계신 하나님이시라는 사실이다. 당신은 그 성령님께 당신 마음속을 그분으로 충만히 채워 달라고 기도해야 한다. 그럴 때 그분은 당신에게 능력을 주셔서 당신으로 하여금 하나님께서 예비하신 은혜안으로 들어갈 수 있게 하실 것이다.

주님, 저는 당신께서 원하시는 방법으로
인생의 매 순간들을 살고 싶습니다.
제가 과거에만 얽매여 있거나 미래에만 집착한 나머지

현재의 풍성함을 누리지 못하는 어리석은 자가 되지 말게 해 주소서.
제가 삶의 매 순간마다 풍요로움을 경험할 수 있게 해 주세요.
제가 당신의 임재로부터 벗어나 혼자의 힘으로
인생을 살아가려 하지 않게 해 주소서.
오늘도 당신의 영으로 제 마음을 새롭고 충만하게 채워 주세요.
당신께서 제게 원하시는 길이 어느 방향인지 알게 하소서.
만약 당신의 음성이 정확히 들리지 않는다면
저는 당신께로부터 명확한 지도를 받기 전까지
지금 이 자리를 떠나지 않겠습니다.

✶ ✶

삼가 말씀에 주의하는 자는 좋은 것을 얻나니 여호와를 의지하는 자가 복이 있느니라. 잠 16:20

만약 당신이 꼭 해야 할 일들을 하는데 어려움을 느끼고 있다면 성령님께 도움을 구하라. 물론 당신은 지금도 그 일들이 아무리 어렵고 위협적이고 따분하고 불편하고 싫을지라도 잘 해내려고 열심히 노력하고 있을지 모른다. 하지만 당신은 성령님께 도움을 구해야 한다. 그러면 그분께서는 그 일이 끝나기까지 당신을 도와 주실 것이다.

몇 년 전 하나님께서는 남편과 내가 캘리포니아에서 테네시로 이주하도록 인도하셨다. 이것은 내가 바라고 있던 바가 아니었다. 하지만 이것은 너무나 명백한 하나님의 지시였기 때문에 우리는 순종하는 마음으로 짐을 꾸렸다. 몇 년을 이 곳에 머무르는 동안 우리는 하나님께서 왜 이곳으로 이주시키셨는지 점점 더 분명히 이해하게 되었다.

나는 우리가 하나님의 지시를 듣고 그것에 순종할 수 있었던 것을 너무나 감사하게 생각한다. 하지만 만약 우리가 "주님, 우리가 마땅히 해야 할 바를 알려주세요." 라는 실제적인 기도를 드리지 않았다면 우리는 그분의 음성을 듣지 못했을 것이다.

주님, 제게 당신의 말씀을 주셔서 감사해요.
그것은 실로 제 영혼의 양식입니다.
그래서 그것 없이 저는 살아갈 수가 없어요.
제가 그것의 가장 깊은 곳에 있는 의미를 깨달아 알 수 있도록
제게 능력을 주소서. 제게 이전 보다 훨씬 큰 이해력을 주시고
당신의 말씀 속에 감추어진 보물들을 찾아낼 수 있도록 해 주세요.
제가 알았으면 하고 원하시는 것들을
모두 제 마음에 대고 말씀해 주세요.
그리고 당신의 그 음성을 들을 수 있도록
마음의 귀를 열어 **주소서.**

::우리에게 어려운 시기가 닥치는 4가지 이유

1. 때로 하나님께서는 당신의 영광과 능력이 우리 가운데 그리고 우리를 통해 드러날 수 있도록 하시기 위해 우리에게 어려움을 주신다.

    예수님께서 태어나면서부터 소경이었던 사람을 보셨을 때 제자들은 그분께 그가 소경이 된 것은 그의 죄 때문인가 아니면 그의 부모 죄 때문인가를 여쭈었다. 바로 그때 예수님께서는 이렇게 대답하셨다. "이 사람이나 그 부모가 죄를 범한 것이 아니라 그에게서 하나님의 하시는 일을 나타내고자 하심이니라" (요 9:3).

    우리는 때로 왜 어떤 일들이 우리에게 일어나게 되었는지 이해하지 못한다. 또한 우리가 주님께로 나아가 그분께 이 모든 어려움을 맡기기 전까지는 이것들을 제대로 극복해낼 수 없다는 사실을 충분히 이해하지 못한다. 하지만 우리가 아무리 어려운 상황 한가운데 처해 있을지라도 하나님께로 마음을 돌이킨다면 하나님의 영광은 그 어려움들뿐 아니라 우리 가운데서도 드러나게 될 것이다.

2. 하나님께서는 우리를 더 깨끗하게 만드시기 위해 고난을 사용하신다.

    성경은 이렇게 말씀하고 있다. "그리스도께서 이미 육체의 고난을 받으셨으니 너희도 같은 마음으로 갑옷을 삼으라 이는 육체의 고난을 받은 자가 죄를 그쳤음이니" (벧전 4:1). 이것은 우리가 고난의 시기에 시련을 겪는 것은 우리의 삶에서 죄와 이기심을 태워버리기 위함임을 말해 주는 것이다.

하나님께서는 우리가 우리 자신이 아닌 하나님 당신을 위해 살아가는 법을 배우게 하시기 위해 우리 가운데 시련을 허용하신다. 그리고 우리의 뜻이 아닌 하나님 당신의 뜻을 추구하게 하시기 위해 그렇게 하신다. 시련을 겪고 있는 그 당시에는 결코 유쾌한 기분을 느낄 수 없다. 하지만 그 시련 속에는 우리의 유익을 위하여 당신의 거룩하심에 참예케 하시려는 하나님의 열망이 있다(히12:10). 하나님은 우리가 추구하고 집착하고 있는 더럽고 추악한 것들에서 벗어나 인생에서 가장 중요한 것은 바로 하나님이라는 사실을 알게 하시려고 우리에게 고난을 허락하신다.

3. 때로 하나님께서는 우리를 훈련시키시기 위해 우리에게 비극을 주신다.

"무릇 징계가 당시에는 즐거워 보이지 않고 슬퍼 보이나 후에 그로 말미암아 연달한 자에게는 의의 평강한 열매를 맺나니"(히12:11). 성도들에게 주어지는 훈련과 연단의 과정은 그들로 하여금 어떤 열매를 맺게 한다. 우리는 그것을 극복하고 수용하는 과정 속에서 가치 있는 것들을 얻게 된다. 우리는 그 고난에 저항하거나 그것을 회피하려는 태도를 보여서는 안 된다. "주의 경계하심을 경히 여기지 말며 그에게 꾸지람을 받을 때에 낙심하지 말라 주께서 그 사랑하시는 자를 징계하시고 그의 받으시는 아들마다 채찍질 하심이니라"(히12: 5-6).

4. 때로 당신은 원수의 방해 한 가운데 사로잡혀 있을 수도 있다.

원수 마귀는 당신을 비참하게 만들고 당신의 인생을 파괴하면서 기쁨을 느낀다. 당신이 느끼고 있는 고뇌와 비단과 슬픔, 그리고 딩신이 겪고 있는 고통은 전적으로 원수의 방해일 수 있다. 그것은 결코 당신이나 다른 사람들의 잘못이 아니다. 만약 당신이 그런 어려움 한복판에서도 하나님을 찬양한다면 하나님께서는 당신에게 큰 위로를 주실 것이다.

그분께서는 원수를 패배시키시고 당신이 결코 이해할 수 없는 방법으로 그 어려움 가운데서 끌어 올리실 뿐 아니라 좋은 곳으로 인도하실 것이다.

그분께서는 어려움에 빠진 당신을 인도하고 싶어하신다. 그리고 당신이 믿음으로 그분과 함께 걸어가기를 원하신다.

그분께서는 당신에게 어려움의 한 가운데서도 그분을 신뢰하는 법을 가르치고 싶어하신다.

미래를 향해 움직이는 것
Moving Toward the Future

미래를 향해 움직이는 것

위대한 미래

*

정녕히 네 장래가 있겠고 네 소망이 끊어지지 아니하리라. 잠 23:18

하나님께서는 당신을 위해 위대한 미래를 계획하고 계신다. 바로 그분께서 그렇게 말씀하셨기 때문에 나는 그것을 잘 알고 있다.

그분께서 당신을 위해 준비해 놓으신 일들은 이전에 당신이 눈으로 본적도 없고 귀로 들은 적도 없고 심지어 상상한 적도 없을 만큼 놀라운 것이다.(고전2:9).

당신은 이점을 기억해야 한다. 하나님께서는 우리 안에서 역사하시는 자신의 능력을 통해 우리가 구하거나 생각하는 모든 것들보다 훨씬 더 큰 일들을 행하실 수 있는 분이시다(에 3:20). 잠잠히 하나님께만 집중하라.

그러면 그분께서는 당신에게 완전한 평안을 주실 것이며 당신을 위해 준비해 두신 미래로 당신을 이끌어 가실 것이다.

주님, 저는 제 미래를 당신의 손에 맡깁니다.
그리고 당신께서 저에게 온전한 평안을 주시기를 기도해요.
저는 스스로의 계획을 통해 미래의 안전을 찾으려고 노력하고 싶지 않아요. 저는 당신의 계획 한가운데 서 있고 싶어요.
저는 당신께서 제 앞날의 삶에서 필요한 모든 것들을
채워 주시리라는 사실을 잘 알고 있습니다.

제가 현재 상황을 포기하지 않고 인내할 수 있도록 제게 힘을 주소서.
성령님, 감사해요. 당신께서는 제가 인생의 길에서
방향을 잃지 않도록 늘 저와 함께 하셨고 저를 인도하셨어요.
또한 저는 당신께서 앞으로도 그렇게 해 주실 것이라는 사실을
잘 알고 있습니다. 저의 모든 걱정들을 당신 앞에 내어 드려요.
왜냐하면 당신께서는 저를 항상 돌보아 주실 것이고 결코 저를
실패 속에 버려두지 않으실 것이라는 사실을 잘 알기 때문입니다.
오늘도 저는 당신의 팔 가까이로 제 팔을 내밀어요.
그래서 당신께서 저를 위해 준비하신 미래로
당신과 함께 걸어 가고 싶습니다.

※ ※

나 여호와가 말하노라 너희를 향한 나의 생각은 내가 아나니 재앙이 아니라 곧
평안이요 너희 장래에 소망을 주려하는 생각이라. 렘 29:11

만약 당신이 당신의 미래에 대해 염려하고 있거나 앞으로 일어날 일에 대해 두려움을 느끼고 있다면 하나님의 음성에 귀를 기울이라. 그분께서 당신의 마음에 어떤 말씀을 하고 계시는지 귀를 기울이라. 그러면 당신은 그분의 음성을 듣게 될 것이다. 또한 그분께서 당신을 위해 얼마나 위대한 것들을 준비해 두셨는지 온전히 이해하게 될 것이다.

당신은 마음 속으로 "현재의 고난은 장차 나에게 나타날 영광과

족히 비교할 수 없다"(롬 8:18)라는 생각을 가지게 될 것이다(롬8:18). 그럴때 당신이 지금 미래를 위해 계획하고 있는 것들이 얼마나 보잘 것없는 것들인지 이해하게 될 것이다.

오늘날 우리가 살고 있는 세상의 모든 것들은 너무나 빠른 속도로 변하고 있다. 그래서 우리는 내일 당장 어떤 일이 일어날지 예측할 수 없다. 하지만 하나님께서는 변함이 없는 분이시다. 당신은 앞으로 어떤 일들이 일어날지에 대해 전혀 알 수 없지만 이 모든 것들을 다 아시는 하나님을 신뢰할 수는 있다. 그분께서는 당신이 가야 할 방향으로 당신을 안전하게 인도하실 것이다.

당신이 매일매일 하나님과 함께 걸어가기로 결정한다면 그분께서는 당신을 위해 예비하신 놀라운 계획들을 실제로 이루어 가실 것이다.

주님, 제가 마땅히 달려가야 할 길을 끝까지
잘 달려갈 수 있도록 저를 인도해 주세요.
그래서 당신께서 저를 위해 예비한
상급을 받을 수 있도록 하소서.
저는 제 인생이 언제 끝나게 될 지 알 수 없어요.
그러니 제가 늘 겸비한 마음으로
기도할 수 있도록 도와주소서.
저는 당신께서 저를 구원해 주셨고 거룩한 음성으로
저를 부르셨다는 사실을 잘 알아요.
그리고 그것은 저의 행위가 아닌
당신의 목적과 은혜에서 비롯되었어요.

제가 당신의 나라와 당신의 영광을 위해
다른 사람들의 삶에 강한 영향력을 끼칠 수 있도록
저에게 영적인 힘을 주소서.
저는 당신의 강한 팔 아래에서 제 자신을
겸손히 낮추고 싶어요.
오 하나님, 저는 당신의 때가 되면 당신께서
저를 높이 세워주실 것이라는 사실을 잘 알고 있습니다.

지고한 목적

*

모든 일을 그 마음의 원대로 역사하시는 자의 뜻을 따라 우리가 예정을 입어 그 안에서 기업이 되었으니 이는 그리스도 안에서 전부터 바라던 우리로 그의 영광의 찬송이 되게 하려 하심이라. 엡 1:11-12

하나님께서는 우리 모든 개개인에게 어떤 목적을 가지고 계신다. 하지만 우리 중 많은 사람들은 그것을 잘 깨닫지 못하고 있다. 그리고 우리가 자신의 정체성을 정확히 이해하지 못하고 있을 때 우리는 자신이 아닌 다른 사람처럼 행동하려고 애쓰게 되고 우리가 추구해서는 안 될 다른 것들을 추구하게 된다.

우리는 자기 자신을 다른 사람들과 비교하면서 열등감을 느낀다.

하나님께서는 당신이 그렇게 되지 않기를 원하신다. 그분께서는 당신이 인생의 확실한 비전을 품고 살아가기를 원하신다. 그분께서는 당신의 재능과 자질이 무엇인지 당신에게 알려 주기를 원하신다. 그리고 하나님의 영광을 위해 그것을 어떻게 개발하고 사용해야 하는지 가르쳐 주기를 원하신다.

주님, 당신의 거룩한 부르심으로 인해 저를 구원해 주셔서 감사해요.
그것은 저의 행위에서 비롯된 것이 아니라
그리스도 안에서 당신께서 베푸신 은혜와 뜻 때문이에요(딤후 1:9).
저는 저를 향한 당신의 계획은 제가 당신을 알기 이전부터 존재해왔다는 사실을 잘 알고 있습니다.
그래서 당신은 그 계획을 반드시 이루어 가실 거예요.
저는 당신께서 저를 향한 확고한 계획을 가지고 계시다는 사실을
잘 알고 있습니다. 그래서 당신의 그 뜻들은
제 안에서 충만이 이루어질 수밖에 없어요.
당신께서 제 안에 창조하신 재능과 자질들이 무엇인지
저에게 분명히 말씀해 주소서.
그리고 그 재능들과 자질들을 제가 마땅히 사용해야 할 곳에
사용할 수 있도록 인도해 주소서.
그것들을 당신의 영광을 위해, 당신의 뜻에 합당하게
사용할 수 있도록 제게 능력을 주소서.

**

그러므로 형제들아 더욱 힘써 너희 부르심과 택하심을 굳게 하라 너희가 이것을 행한즉 언제든지 실족지 아니하리라. 벧후 1:10

우리 모두는 왜 현재의 위치에서 살아가고 있는지 진지하게 자문해 보아야 한다. 자신이 무슨 목적으로 창조되었는지 깨달아야 할 필요성이 있다.

우리는 창조된 목적에 맞게 살아가기 전까지는 결코 인생을 풍성하고 행복하게 살아갈 수 없다. 하나님께서 우리에게 주신 적은 일들에 신실하게 반응하지 않으면 그분께서는 그분의 큰 일들 안으로 우

리를 부르시지 않을 것이다. 그래서 지금 당신이 하고 있는 일들이 보잘것없는 일이라고 생각한다면 기뻐하라! 하나님께서는 분명 당신을 위해 큰 일을 준비해 놓고 계실 것이다.

하나님께서는 당신의 인생을 향한 중요한 목적을 갖고 계시며 그것은 전적으로 선한 것이다. 당신은 결코 이 사실을 잊어서는 안 된다.

주님, 당신께서 제 인생을 위해 계획해 두신 사명을
제가 잘 이해할 수 있도록 도와주세요.
제 마음 속에서 모든 절망감들을 제거해 주시고
저를 통해 행하실 것들에 대한 기대로 채워주소서.
당신께서 제 인생 가운데 예비해 두신 사람들에게
제가 긍정적인 영향력을 끼칠 수 있도록
저를 당신의 훌륭한 도구로 사용해 주세요.
당신께서 가장 완벽한 시기에 저를 들어 사용하실 것이라는 사실을
믿고 그것을 통해 자신감과 평안을 얻을 수 있도록 인도해 주소서.
저는 제 존재의 가치를 당신 안에 두고 싶어요.
그리고 당신의 손 안에 제 운명을 맡기고 싶습니다.
제가 하고 있는 일들이 마땅히 제가 해야 할 일들이 될 수 있도록
저에게 당신의 길을 보여주세요.
저는 당신께서 제 인생 안에 심게해 두신 것들이
영원토록 없어지지 않을 가치 있는 것들이 되기를 원합니다.

지혜의 선물

*

너는 내게 부르짖으라 내가 네게 응답하겠고 네가 알지 못하는 크고 비밀한 일을 네게 보이리라. 렘 33:3

지혜란 분명한 이해력과 통찰력을 소유하는 것을 의미한다. 이것은 모든 상황들에서 진리를 적용하는 방법을 아는 것이다. 이것은 옳고 그른 것을 분별할 줄 아는 것이다. 올바로 판단할 줄 아는 것이다. 이것은 당신이 한 쪽으로 치우쳐 있을 때 그것을 민감하게 감지해낼 수 있는 것이다. 이것은 올바로 선택하고 결정하는 방법을 아는 것이다. 그리고 이 모든 종류의 지혜를 당신에게 줄 수 있는 분은 오직 하나님뿐이시다.

아무리 사소한 지혜라 할지라도 그것은 우리의 생명을 구원해내고 우리를 어려움으로부터 보호할 수 있다. 그것은 과거와 현재뿐 아니라 미래에도 적용된다.

우리는 지혜 없이는 결코 이 세상을 성공적으로 살아갈 수 없음에도 불구하고 그 사실을 제대로 이해하지 못할 때가 많다. 그래서 우리는 그것을 놓고 하나님께 기도 드려야 할 필요성이 있다.

주님 저에게 당신의 지혜와 명철을 부어주세요.
저는 지혜가 금보다 낫고 명철이 은보다 나은 것을
잘 알고 있습니다(잠 16:16). 그러니 저에게 풍성하여 넘치도록 지혜와 명철을 부어주세요.
제가 삶의 모든 현장에서 진리를 깨달아 알 수 있도록
지혜와 지식의 범위를 넓혀 주소서.
제 자신을 의지하고 싶지 않아요.
저는 당신의 말씀과 교훈만을 의지하고 싶습니다.
그래서 결코 어리석거나 우둔한 행동을 하지 않고
지혜의 길을 걷고 싶어요.
당신 안에 지혜와 지식의 보화가 감추어져 있다는 사실을 잘
알아요.(골 2:3) 제가 이 보화들을 발견할 수 있도록 도와주소서.

✶ ✶

주께서 생명의 길로 내게 보이시리니 주의 앞에는 기쁨이 충만하고 주의 우편에는 영원한 즐거움이 있나이다. 시 16:11

하나님은 모든 것 위에 계시기 때문에 모든 것들을 보실 수 있다. 만약 우리가 근본적인 차원에서 그분과 연결되어 있고 "주님, 제가 실족하지 않도록 저를 인도해 주세요." 라고 기도할 수만 있다면 그분께서는 극한 어려움 속에서도 우리를 이끌어 내실 것이다. 하지만 우리는 자주 하나님과 연결되어 있지 않으려 하고, 그분께 기도 드리지 않고 그분의 인도를 구하지 않는다. 그리고 그분께 지혜를 구하지 않고 그분의 관점을 고려하지 않는다. 우리는 이러한 태도들 때문에 너무나 자주 가던 길에서 넘어진다.

당신은 너무나 명백하게 잘못된 일을 하거나 어리석은 결정을 내리는 지혜 없는 사람들을 관찰해 본적이 있는가? 친구들이나 가족들 또는 동료들 중에서 말이다. 당신이 보기에 그들의 결정은 불을 보듯 분명히 어리석은 일인데도 불구하고 그들은 그것을 전혀 이해하지 못한다. 이처럼 사람들은 자기 자신의 어리석음을 발견하기 보다는 다른 사람들의 어리석음을 발견하는데 익숙하다. 그래서 우리는 우리 자신이 어리석지 않고 지혜로울 수 있도록 매일매일 하나님께 기도 드려야 한다. 당신의 삶과 환경 속에서 하나님의 관점을 깨달을 수 있도록 당신은 그분께 기도하는 시간을 내어야 한다.

주님, 제가 항상 당신의 기록한 조언을 들을 수 있도록 도와 주세요.
그리고 문제의 해답을 얻기 위해 세상의 소리에 귀 기울이거나
기록하지 않은 사람들의 말을 의지하지 않도록 인도해 주소서.
주님, 제게 필요한 권고와 교훈을 주셔서 정말 감사해요.
저는 당신의 법도와 말씀으로 인해 기뻐합니다.
제가 밤낮으로 그것을 읽고 묵상하고 말하고 암송하고
내 영혼과 마음에 새길 수 있도록 도와주소서.
주님, 저는 자신의 마음을 신뢰하는 자는 미련한 자이며
주님을 신뢰하는 자만이 지혜로운 자이며 구원을 얻을 자임을
잘 알고 있습니다(잠 28:26). 제가 순결하고 정직한 길을 걷고
당신의 명령에 순종하는 사람이 되게 해 주세요.
제가 악을 멀리함으로 당신께서 약속하신 말씀을
강하게 붙잡을 수 있도록 인도해 주소서.

하나님을 찾아야 할 때

*

하나님을 가까이 하라 그리하면 너희를 가까이 하시리라. 약 4:8

하나님을 알기 전 나는 신비주의 종교와 동양 종교, 뉴 에이지 종교와 같은 것들에 깊은 관심을 가지고 있었다. 나는 인생의 의미와 목적을 발견할 수 있으리라는 희망으로 이러한 종교들이 신이라고 말하는 것들을 찾아 나섰다. 하지만 내가 추구했던 신들은 멀고 냉담하고 무관심했다. 그리고 인간을 변화시키고 구원할 만한 능력이 없었다. 하지만 성경의 하나님께서는 그런 능력을 가지고 계셨다! 그분은 유일하시며 진실하시며 살아계신 하나님이시다. 그리고 그분을 갈망하고 받아들일 때 그분의 성령께서 내 속에 들어와 내주하셨다.

나는 하나님께서는 자신을 드러내 보이시는 분이라는 사실을 배우게 되었다. 하나님께서는 자신을 알리시는 분이시다. 하나님께서는 우리에게 가까이 다가와 우리와 함께 계시기를 원하신다. 그것은 바로 그분께서 임마누엘 즉, "하나님께서 우리와 함께 하신다" 라고 불리는 이유이기도 하다.

우리는 우리와 함께 하기를 갈망하시는 유일하신 하나님을 찾고 그분께로 가까이 다가갈 시간을 마련해야 한다.

주님, 저는 오늘도 당신께로 가까이 갑니다.

말씀으로 약속하신 것처럼 당신께서는
당신께로 가까이 다가오는 사람을 멀리하지 않으세요.
그것으로 인해 당신께 감사 드려요.
당신의 임재 속에 거하기를 갈망해요.
저는 당신과 더 깊고 친밀한 관계를 가지기를 소원합니다.
저는 당신께서 자신을 나타내 보이시는 모든 상황들에서
당신을 알아 가기 원해요.
당신을 더 잘 알기 위해 제가 배워야 할 것들이 있다면 그것들을
제게 가르쳐 주세요. 당신께서 제 속에서 행하시고자 하는 것들이
무엇이든 제가 마음을 열고 받아들이게 해 주세요.
당신을 알 수 있는 일이라면 무엇이든지 받아들이게 해 주세요.
제가 결코 당신을 알 수 있는 기회를 무시함으로써
당신을 향해 편협한 지식만을 갖지 않게 해 주세요.
저는 바로 지금 당신께서는 저의 치료자가 되시며, 구원자가 되시며,
구속자가 되시며 위로자가 되신다는 사실을 선포합니다.
저는 매일마다 당신을 더 잘 알아가기 위해 노력할 거예요.

＊＊

예수께서 서서 외쳐 가라사대 누구든지 목마르거든 내게로 와서 마시라 나를 믿
는 자는 성경에 이름과 같이 그 배에서 생수의 강이 흘러나리라. 요 7:37-39

만약 내가 당신과 개인적으로 마주 앉아 당신의 인생에 대해 이야

기하고 있다면 나는 이렇게 말할 것이다. 당신이 주님을 받아들인다면 당신이 궁금해하는 모든 것들은 당신 속에서 풀리게 될 것이라고 말이다. 왜냐하면 하나님의 성령이 당신 속에서 활동하시기 때문이다. 당신이 주님을 받아들일 때 성령님께서는 당신 삶의 모든 영역을 이끄시게 될 것이다.

그리고 당신과 당신의 환경을 변화시키실 것이다. 만약 당신이 스스로의 힘만으로 모든 일을 해 나가려는 시도를 포기하고 하나님께 그 모든 것들을 맡긴다면 당신이 가장 갈구하는 소망들은 이루어지게 될 것이다.

우리 모두는 타인과의 친밀한 관계와 스스로를 훌륭하고 바람직하게 생각하는 자기 긍정을 갈구한다. 하지만 진정한 의미에서의 친밀함과 자기 긍정의 마음을 오직 하나님만이 부여해 주실 수 있다.

하나님과 친밀한 관계를 유지할 때만 당신은 당신의 가장 필요한 부분들을 채울 수 있다. 그 누구도 하나님만큼 당신을 잘 알고 사랑해줄 수 없다. 인정 받으려는 끊임 없는 욕망과 친밀감을 느끼려는 공허한 갈망을 내려 놓고 하나님을 구할 때 그분께서는 당신의 욕망과 갈망을 초월하는 귀한 것으로 당신에게 채워 주실 것이다.

주님, 제가 매일 하나님과 홀로 대면하는
시간을 마련하게 인도해 주세요. 하나님, 저는 당신을 구해요.
제 마음에 당신보다 더 추구하는 것이 있다면
그것에 저항할 수 있도록 제게 힘을 주소서.
제가 당신께서 원하시는 방법으로 기도할 수 있도록
제게 **올바른** 기도를 가르쳐 주세요.

제가 당신을 배워갈 수 있도록 저를 인도해 주세요.
저는 목이 타게 당신을 갈구해요.
당신 없이 살아간다는 것은 메마른 사막에서 살아가는 것과 같아요.
저는 당신이 어디에나 계시다는 사실을 잘 알고 있습니다.
하지만 당신의 현존이 가장 깊이 임재하고 있는 곳이
따로 있다는 사실 또한 잘 알고 있어요.
저는 바로 그곳에 거하기를 원합니다.
저를 당신께 더 가까이 데려가 주세요.
그래서 당신의 임재 가운데 거할 수 있도록 해 주소서.

믿음의 발걸음

※

가라사대 너희 믿음이 적은 연고니라 진실로 너희에게 이르노니 너희가 만일 믿음이 한 겨자씨만큼만 있으면 이 산을 명하여 여기서 저기로 옮기라 하여도 옮길 것이요 또 너희가 못할 것이 없으리라. 마 17:20

열 번째 생일날 나는 우아한 금 줄에 작은 유리알이 박힌 목걸이를 선물로 받았었다. 신기한 것은 그 유리알 속에는 아주 작은 겨자씨들이 들어 있었다. 당시 나는 그것을 보고 이렇게 생각했다. "이걸 만든 사람들은 작아서 잘 보이지도 않는 이것을 왜 그리 힘들게 여기에 넣으려고 했을까?" 그 때까지만 해도 이 목걸이가 시사하는 교훈을 이해하지 못하고 있었기 때문이다. 하지만 나는 이후에 그것을 이해하게 되었다. 그것은 만약 우리에게 겨자씨만한 믿음만 있어도 산을 옮길 수 있다고 하신 예수님의 말씀을 시사하고 있었던 것이다. 하나님께서는 우리가 아무리 작은 믿음을 가지고 있다 할지라도 그것을 취하셔서 큰 무엇인가로 성장시키신다. 성경은 하나님께서 각 사람을 믿음의 분량대로 대우하신다고 말씀하고 있다 (롬12:3). 우리는 이미 믿음의 출발선을 넘었다.

우리가 믿음의 발걸음을 앞으로 내 디딜 때마다 하나님께서는 우리의 믿음을 성장시키실 것이다.

주님, 제 믿음이 더욱 견고해지게 해 주세요.

"눈에 보이는 것으로 행하지 않고 믿음으로 걸어가는"(고후 5:7)
방법을 제게 가르쳐 주세요.
당신의 약속을 붙들고 든든히 서며
당신의 모든 말씀을 신뢰할 수 있도록 제게 힘을 주세요.
저는 "믿음은 들음에서 생기고
들음은 하나님의 말씀으로부터 나온다"(롬 10:17)는
사실을 잘 알고 있습니다.
제가 당신의 말씀을 듣거나 읽을 때마다
제 믿음이 조금씩 성장할 수 있도록 인도해 주소서.
당신의 약속은 제 안에서 이루어진다는
믿음을 소유하게 해주세요.
주님, 제가 진정한 믿음을 소유함으로써
당신을 영화롭게 할 수 있도록 인도해 주소서.

✳ ✳

예수께서 이르시되 할 수 있거든 이 무슨 말이냐 믿는 자에게는 능치 못할 일이 없느니라 하시니. 막 9:23

하루하루를 믿음으로 산다는 것은 매우 중요하다. 왜냐하면 믿음을 가졌느냐 그렇지 않느냐는 성공과 실패, 승리와 패배, 생명과 죽음을 구분하는 중요한 원인이 되기 때문이다. 그래서 우리는 하나님께 더 큰 믿음을 달라고 쉬지 않고 기도해야 한다. 현재 당신의 믿음

이 아무리 크다 할지라도 하나님께서는 그것을 더욱 더 성장시키실 수 있다. 믿음 안에서 하나님의 어떤 약속이 이루어지기를 바라고 있는가? 위대한 믿음의 기도를 통해 당신의 인생과 당신이 알고 있는 어떤 사람들의 인생에서 무슨 일이 성취되기를 바라고 있는가? 하나님께서 당신이 가진 작은 믿음의 씨앗을 취하셔서 그것을 어마어마한 믿음의 나무로 키워 주시기를 간구해 보라. 그러면 언젠가 당신은 그것이 현실로 드러나는 때를 만나게 될 것이다.

주님, 저는 믿음은 바라는 것들의 실상이요
보지 못하는 것들의 증거라는 사실을 잘 알고 있어요.
저는 제가 믿음을 통해 구원 받았다는 사실과
그것은 당신으로부터 온 선물이라는 사실도 알고 있어요.
제 믿음을 성장시켜서 제가 더 능력 있는 기도를 할 수 있도록
도와 주소서. 제가 병든 자들을 위해 기도할 때마다
그들이 치료될 것이라는 믿음을 갖게 해 주세요.
제게 처해진 상황에만 집착하지 않고 기도할 때
상황이 변화될 것이라는 강한 믿음을 주소서.
저는 당신 앞에서 어떤 의심을 갖고 있었던 것을 고백합니다.
그리고 그것이 명백한 죄라고 생각해요.
그래서 당신께 용서를 구합니다.
저는 저의 의심 때문에 당신께서 제 속에서,
또한 저를 통해 행하고자 하시는 일들을 방해하고 싶지 않습니다.
당신의 이름으로 산까지도 옮길 수 있도록 매일매일
제 믿음을 성장시켜 주소서.

:: 지혜를 구해야 하는 10가지 타당한 이유

1. 장수하고 건강과 명예를 누리기 위해
"그 우편 손에는 장수가 있고 그 좌편 손에는 부귀가 있나니" (잠언 3장 16절)

2. 훌륭한 삶을 살아가기 위해
"그 길은 즐거운 길이요 그 첩경은 다 평강이니라" (잠언 3장 17절)

3. 생명력과 행복을 누리기 위해
"지혜는 그 얻은 자에게 생명 나무라 지혜를 가진 자는 복되도다"
(잠언 3장 18절)

4. 안전하게 되기 위해
"네가 네 길을 안연히 행하겠고 네 발이 거치지 아니하겠으며" (잠언 3장 23절)

5. 쉼을 통해 원기를 얻기 위해
"네가 누울 때에 두려워하지 아니하겠고 네가 누운즉 네 잠이 달리로다"
(잠언 3장 24절)

6. 자신감을 얻기 위해
"대저 여호와는 너의 의지할 자이시라 네 발을 지켜 걸리지 않게 하시리라"
(잠언 3장 26절)

7. 안도감을 얻기 위해

"지혜를 버리지 말라 그가 너를 보호하리라 그를 사랑하라 그가 너를 지키리라… 다닐 때에 네 걸음이 곤란하지 아니하겠고 달려갈 때에 실족하지 아니하리라"(잠언 4장 6절, 12절)

8. 성장하기 위해

"그를 높이라 그리하면 그가 너를 높이 들리라 만일 그가 너를 품으면 그가 너를 영화롭게 하리라"(잠언 4장 8절)

9. 보호를 받기 위해

"곧 지혜가 네 마음에 들어가며 지식이 네 영혼에 즐겁게 될 것이요 근신이 너를 지키며 명철이 너를 보호하여 악한 자의 길과 패역을 말하는 자에게서 건져내리라"(잠언 2장 10절-12절)

10. 이해력을 얻기 위해

"지혜 있는 자는 듣고 학식이 더할 것이요 명철한 자는 모략을 얻을 것이라"(잠언 1장 5절)

하나님의 인도를 따르는 것
Following God's Lead

하나님의 인도를 따르는 것

올바른 관점

*

우리가 알거니와 하나님을 사랑하는 자 곧 그 뜻대로 부르심을 입은 자들에게는 모든 것이 합력하여 선을 이루느니라. 롬 8:28

당신은 일이 기대하고 계획한 대로 잘 되지 않을 때 화내고 분노하거나 망연자실해 있는 자신을 발견해 본 적이 있는가? 그렇다면 그런 경험을 한 후 주어진 상황을 좀 더 깊이 관찰해 보고 그것에 대해 새로운 관점을 달라고 하나님께 간구해 보라.

만약 우리가 주님의 빛 가운데로 걸어간다면 그분께서는 우리의 매 순간을 축복해 주실 것이다. 하지만 우리는 종종 일이 잘못되어 가는 듯한 때를 만나기도 하고 그것 때문에 고민하기도 한다.

나의 자녀와 나는 어떤 일들이 잘못되어 가고 있을 때마다 그 속에 감추어진 진리를 발견해 보려고 노력했다. 우리는 주어진 상황을 유심히 살펴본 후 이렇게 질문했다. "주님, 이런 상황에서는 어떻게 행동해야 옳은 건가요?" 우리는 이와 같은 부정적인 상황을 긍정적인 것으로 승화시킬 수 있는 방법을 알려달라고 하나님께 기도 드렸다.

이것은 단지 긍정적으로 생각하거나 머리 속으로 일이 잘 풀려나갈 것이라는 암시를 가지는 것이 아니다. 이것은 하나님의 관점으로 사물을 바라보려는 것이며 숨겨진 하나님의 진리를 발견하려는 것이다.

주님, 저는 제 인생의 모든 상황에서
당신을 높여드립니다.
그리고 제 염려를 모두 당신 발 앞에 내려 놓습니다.
제가 잘못되어가고 있는 상황 그 자체에 집중하려고 할 때마다
관점을 돌이켜 상황을 회복시키실 당신의 능력을 구하게 하소서.
저는 당신의 선하심을 바라보기로 결정했습니다.
두려움이나 의심, 욕망, 선입견들로 인해
제 눈이 어두워지지 않게 저를 도와 주세요.
당신의 진리가 제 삶의 모든 상황 속에 드러나기를 기도합니다.

※ ※

너희는 여호와의 선하심을 맛보아 알지어다 그에게 피하는 자는 복이 있도다.
시 34:8

    지금 당장 당신의 삶을 한 번 들여다 보라. 혹시 그 속에 걱정과 분노가 있지는 않은가? 그렇다면 이렇게 간구하라.
    "주님, 이런 상황에서 제가 어떻게 해야 옳은가요? 그것을 보여 주세요. 이 상황 속에 숨겨진 진리는 무엇인가요? 당신의 관점으로 이것을 바라보게 해 주세요." 이렇게 기도할 때 당신은 하나님께서 보여주시는 것들로 인해 놀라게 될 것이다.
    하나님께서는 어떤 상황 속에서도 감사하면서 하나님의 선하심과 진실하심을 구하는 당신의 태도를 보시고 당신의 삶을 변화시키실

것이다. 이후로 당신은 결코 이전과 똑같은 시각으로 상황을 바라보지 않게 될 것이다. 어떤 일이 일어나더라도 당신은 이렇게 말하게 될 것이다. "이것은 우리 주님께서 하고 계신 일이야." 그것은 바로 그분을 향한 신뢰의 문제와 직결된다. 이것은 본질적으로 하나님께서는 선하시며 우리에게 최선의 것을 주고자 하시는 분이심을 믿는 것이다.

하나님을 신뢰하라. 그러면 당신은 이전까지 꿈꿔왔던 곳보다 더욱 빛나는 곳에 서있는 당신 자신을 발견하게 될 것이다.

주님, 제가 당신의 관점으로 오늘과 미래를
바라볼 수 있게 인도해 주세요.
제가 더 큰 그림을 이해할 수 있도록 저를 축복하시고
중요하지 않은 것과 가치 있는 것을 구별할 수 있는 능력을 주소서.
혹시 제가 일이 잘못되어 가고 있는 듯한 상황과 만날 때
비약적으로 생각하여 부정적인 결론을 버리지 않도록 도와 주세요.
제가 기도할 때마다 제 마음 속에 응답에 대한 기대감을 주소서.
주님, 모든 상황 속에서 당신을 신뢰하기 원합니다.
제가 저의 삶과 환경을 바라볼 때마다
당신께서 행하고 계신 선한 일들을 발견할 수 있도록 인도해 주소서.

하나님의 뜻과 부르심

*

또 미리 정하신 그들을 또한 부르시고 부르신 그들을 또한 의롭다 하시고 의롭다 하신 그들을 또한 영화롭게 하셨느니라. 롬 8:30

당신과 나의 삶 속에는 하나님의 부르심이 있다. 그래서 우리는 그것이 무엇인지 발견하기 위해 하나님의 음성을 들어야 한다. 나는 너무나 바쁘고 피곤하고 정신 없는 상태에 있거나 부와 명예만을 추구하고 있는 나머지 하나님의 음성을 듣지 못하는 사람들을 많이 보았다. 한편으로 하나님의 부르심을 들었지만 그것을 회피하는 사람들도 보았다.

만약 당신이 지금 하고 있는 일들보다 값진 어떤 일로의 부르심을 느끼고 있다면 내가 확신하건대 그것은 바로 당신을 향한 하나님의 부르심일 것이다. 지금까지 당신 인생을 향한 하나님의 계획과 목적에 무관심한 채 살아왔다면 이제 그런 부르심이 있을 때 순종하는 마음으로 그것에 반응해 보라.

당신은 이 사실을 기억해야 한다. 하나님께서는 당신이 어디에 있든지 결코 당신을 영원히 떠나지 않을 것이라는 사실을 말이다. 그분의 뜻을 구하고 당신을 향한 부르심이 무엇인지 귀 기울여 보라.

주님, 저는 당신께서 저를 향한 목적과
제 삶을 위한 계획을 갖고 계신다는 걸 잘 압니다.

제 귀를 열어 주셔서 당신의 목소리를 들을 수 있게 해 주세요.
그래서 당신께서 제 삶을 위해 계획해 두신 길로 나아가게 해 주세요.
제 마음이 당신의 마음과 부합될 수 있게 해 주소서.
언제나 저를 준비시켜 주셔서 당신께서 가라고 하시는 길을
걷게 하시고, 하라고 하시는 일을 할 수 있도록 인도해 주소서.
제가 당신의 부르심에 귀 기울일 수 있도록 인도해 주세요.
저는 당신의 음성을 듣고 싶습니다.
당신의 부르심에 귀 기울이지 않아 열매 없고 공허한 삶을
살고 싶지 않아요. 당신의 위대하심을 제 속에 채워 주소서.
그래서 당신께서 저를 부르신 소명에 따라 다른 사람들을 위해
위대한 일을 행할 수 있는 사람이 되게 해 주소서.
저는 당신과 함께 한걸음 한걸음 그런 길을 걸어가고 싶어요.
그래서 당신께서 빚어 가시고자 하시는 성숙한 모습으로까지
변화되고 싶습니다.

✻ ✻

너희가 우편으로 치우치든지 좌편으로 치우치든지 네 뒤에서 말 소리가 네 귀에
들려 이르기를 이것이 정도니 너희는 이리로 행하라 할 것이며. 사 30:2

우리 모두는 하나님의 뜻 가운데서 살아가기를 원한다. 그래서 우리는 세상적인 유익만을 추구하는 것을 원치 않는다. 그리고 하나님의 뜻이라는 확신 없이는 인생의 중요한 변화를 선택하고 싶어하지

않는다. 우리는 결코 하나님의 길이 아닌 다른 길을 걸어가고 싶어 하지 않는다. 그러기 위해서 우리는 매일매일 하나님께 그분의 뜻을 보여 달라고 구해야 하고 그 안으로 우리를 인도해 달라고 기도해야 한다.

우리는 마음을 열어 하나님의 음성을 들을 수 있게 해달라고 그분께 기도 드려야 한다.

일상 생활 속에서 하나님의 뜻을 발견할 수 있는 가장 좋은 출발은 바로 범사에 감사하는 것이다. 왜냐하면 하나님께 감사하는 것 자체가 바로 그리스도 예수 안에서 우리를 향한 하나님의 뜻이기 때문이다(살전 5:18).

당신이 하나님의 뜻 가운데 거할 수 있게 된 것을 감사드리라. 이와 더불어 매일매일의 발걸음을 인도해 주신 것을 감사드리라. 그리고 앞으로도 계속해서 그런 삶을 살아갈 수 있기 위해 하나님께 도움을 구하라. 그러면 당신은 자신감을 가지고 옳은 길을 걷게 되고 하나님께서 원하시는 일을 하게 될 것이다.

> 주님, 제가 가치 있는 길을 걸어갈 수 있도록 인도해 주세요.
> 그리고 온전히 당신을 기쁘시게 해 드릴 수 있도록 도와 주소서.
> 모든 선한 일에 열매를 맺게 하시고 당신의 길을 아는 지식이
> 자라나게 도와 주소서. 저의 모든 발걸음을 인도해 주세요.
> 저의 얼굴 앞에서 당신의 의를 보여주시고
> 당신의 길을 곧게 만들어 주세요(시 5:8).
> 제가 하루하루를 당신과의 친밀한 관계 속에서 살아갈 수 있도록
> 저를 당신 가까이로 인도해 주세요.

저는 당신께서 저가 반드시 걸어가야 할 그 길로
저를 인도하실 것이라는 사실을 믿습니다.
주님, 저는 제 마음이 당신의 마음과 연합할 수 있기를 원합니다.
그러니 제가 당신의 음성을 들을 수 있도록 도와주세요.
당신의 말씀을 제게 들려주실 뿐 아니라
제가 그것을 이해할 수 있도록 도와주세요.
제가 반드시 해야 할 어떤 일이 있다면
그것이 무엇인지 밝히 보여 주소서.
그래서 제가 언제나 올바른 길로 걸어갈 수 있도록 해 주세요.

우선순위 정하기

*

너희는 먼저 그의 나라와 그의 의를 구하라 그리하면 이 모든 것을 너희에게 더하시리라. 마 6:33

우리는 삶의 우선순위를 올바로 정하지 않고서는 결코 성공적인 삶을 살아갈 수 없다. 물론 많은 사람들은 매일매일 우선순위를 정하면서 살고 있다. 하지만 우선순위를 정하고 수정하는 것은 우리의 힘으로 되는 것이 아니다. 그것은 성령님의 인도를 받고 하나님의 말씀에 대한 분명한 지식을 얻을 때에라야 가능한 것이다. 그래야만 우리는 우리가 무엇을 먼저 해야 하는지 알 수 있기 때문이다.

우리는 가장 중요한 우선순위를 하나님의 말씀으로부터 직접 얻을 수 있다. 예수님께서는 그것에 대해 이렇게 말씀하셨다. "네 마음을 다하고 목숨을 다하고 뜻을 다하여 주 너의 하나님을 사랑하라 하셨으니 이것이 크고 첫째 되는 계명이요 둘째는 그와 같으니 네 이웃을 네 몸과 같이 사랑하라 하셨으니"(마22:37-39).

만약 당신이 하나님을 사랑하고 이웃을 사랑하라는 이 두 가지 사항을 당신 삶 속에서 가장 중요한 일 순위로 정하고 살아간다면 다른 모든 것들의 순위들은 자연스럽게 잘 결정될 것이다.

주님, 제가 삶의 우선순위를 올바로 정할 수 있도록 도와주세요.
저는 다른 어떤 것들보다 당신을 삶의 가장 중요한 곳에 올려 드리기를 원합니다.
마음과 정신과 영혼을 다 바쳐 당신을 사랑하는 방법을
제게 가르쳐 주소서.
저는 오직 당신만을 제 삶의 유일한 신으로 받아드리며
결코 다른 신들을 생각하지 않습니다.
만약 제가 마음 속으로 다른 우상을 높이고 있다면
그것이 무엇인지 보여주세요.
저의 열망은 오직 당신만을 섬기는 것입니다.
제가 저의 열망대로 살아갈 수 있도록 도와주소서.

✷✷

자기 목숨을 얻는 자는 잃을 것이요 나를 위하여 자기 목숨을 잃는 자는 얻으리라. 마 10:39

    당신은 언제나 하나님과 올바른 관계를 유지하는 것을 다른 어떤 것들보다 우선되는 순위로 정해야 한다. 하나님께서는 이렇게 말씀하셨다. "너는 나 외에는 다른 신들을 네게 있게 말지니라"(출20:3). 그것은 이런 의미이기도 하다. 하나님께서는 당신의 관심이 나누어지기를 원치 않으신다. 만약 당신이 매일매일의 삶 속에서 하나님을 가장 중요한 순위에 두기를 원하고 그런 삶을 살 수 있도록 하나님께 도움을 구한다면 그분께서는 그렇게 되도록 당신을 인도해 주실 것이다.

하나님은 질서의 하나님이시다. 우주만물을 바라볼 때 우리는 그것을 잘 알 수 있다. 이 세상에는 우연으로나 닥치는 대로 만들어진 것이 없다. 그래서 하나님께서는 우리의 삶이 그런 식으로 흘러가는 것을 결코 원치 않으신다. 만약 우리가 우리의 삶이 올바르고 질서 있게 되기를 위해 하나님께 기도한다면 그분은 우리가 그런 삶을 살 수 있도록 도와 주실 것이다. 그분은 우리가 우리 자신을 절대 권위 아래 두는 방법을 우리에게 알려 주실 것이다. 그리고 우리가 그 안에서 안전하게 보호 받을 수 있다는 사실을 가르쳐 주실 것이다.

우리가 하나님께서 우리를 위해 예비해 두신 모든 뜻 안으로 움직인다는 것은 정말 중요하다.

주님, 저는 만약 제 삶이 당신의 절대 권위 안에 놓여 있지 못하면
당신께서 저를 위해 예비하신 축복을 받지 못할 것이라는
사실을 잘 알고 있어요.
하지만 저는 이점 또한 잘 알고 있습니다.
만약 제가 당신을 다른 어떤 것들보다 우선한다면
제게 필요한 모든 것들은 저절로 채워진다는 사실을 말이에요.
오늘도 저는 당신을 가장 중요한 분으로 모셔 드리기 원합니다.
제가 제 삶을 당신의 완벽한 질서 안에 둘 수 있도록
저를 도와 주세요.
제가 당신께서 제 삶을 위해 만들어 두신 영적 안전 망에서
결코 벗어나지 않도록 저를 인도해 주세요.
제가 매일, 매순간마다 당신을 첫 번째로,
다른 것들을 두 번째로 두게 하소서.

하나님께 마음을 고정하기

※

주께서 심지가 견고한 자를 평강에 평강으로 지키시리니 이는 그가 주를 의뢰함 이니이다. 사 26:3

혹시 당신 마음 속에서 어떤 부정적인 생각이 계속해서 일어나고 있지는 않는가? 혹시 "어떻게 되었더라면"이라는 생각이 당신을 괴롭히고 있지는 않은가? 혹시 "그것만 되었더라면"이라는 생각을 하면서 당신이 걸어왔던 길을 후회하고 있지는 않은가? 당신은 "아무도 나를 이해해주지 않아", "그 어떤 것도 좋게 변하지 않을 거야"라는 생각을 하고 있지는 않은가? 만약 당신이 이런 생각들을 하고 있다면 이 사실을 기억하라. 이런 생각들은 당신 삶을 위해 하나님께서 주신 생각이 아니라는 사실을 말이다. 사탄은 우리의 영혼 속에 하나님의 뜻과 반하는 생각을 불어 넣는다.

우리는 이러한 각각의 그릇된 생각들을 기도와 믿음과 진리이신 하나님 말씀을 통해 극복해낼 수 있다.

우리가 우리의 마음을 하나님의 말씀과 그분의 영으로 충만하게 무장한 사람들에 의해 쓰여진 글들로 채울 때 그리고 하나님을 찬양하고 그분께 영광을 돌리는 음악 소리로 채울 때 우리의 마음에는 다른 생각들이 들어갈 틈이 생기지 않을 것이다.

주님, 사탄의 거짓말 때문에 당신의 진리를 의심하지 않도록
도와주세요. 만약 제가 사탄의 거짓말을 사실로 받아들이고 있다면
저의 생각을 바꾸어 주소서.
저는 어리석고 무익한 생각을 하고 싶지 않습니다.
그리고 당신께 영광이 되지 않는 생각들을
마음 속에 남겨 두고 싶지 않아요.
당신의 말씀이 제 마음에 아로새겨져 원수의 거짓말을 들을 때마다
그것들을 잘 분별해낼 수 있도록 도와주세요.
제 마음을 진리의 영으로 가득 채우셔서 제가
그 어떤 거짓말에도 속아 넘어가지 않도록 인도해 주소서.
저는 원수의 거짓말 듣는 것을 거부해요.
저는 당신의 진리와 사랑과 말씀으로
제 마음과 제 삶을 채우길 원합니다.

* *

너희는 이 세대를 본 받지 말고 오직 마음을 새롭게 함으로 변화를 받아 하나님
의 선하시고 기뻐하시고 온전하신 뜻이 무엇인지 분별하도록 하라. 롬 12:2

당신은 당신 마음 속에 무엇을 받아들이고 무엇을 안 받아들일지
를 선택할 수 있다. 당신은 당신의 모든 생각들을 선택적으로 취할
수 있으며 마음 속에 그리스도의 마음을 품을 수도 있다(빌2:5).
당신은 정신적 혼란이나 압박을 느끼면서 살아갈 필요가 없다.

"이방인이 그 마음의 허망한 것으로 행함 같이 너희는 행하지 말라 저희 총명이 어두워지고 저희 가운데 있는 무지함과 저희 마음이 굳어짐으로 말미암아 하나님의 생명에서 떠나 있도다." 라는 말씀에서 언급된 사람처럼 살아서는 안 된다(엡4:17-18).

대신 당신은 주님으로부터 주어진 지식과 명석함을 얻어야 한다.

주님, 저에게 그리스도의 마음을 주셔서 감사해요(고전 2:16).
저는 당신의 생각이 저의 생각이 되기를 원합니다.
제 마음 속에 거룩하지 않은 것으로 채워진 부분이 있다면
그곳을 알려주세요.
제가 그런 것들을 없애버리게 도와 주시고 대신
당신을 영화롭게 하는 생각과 말과 음악과
형상으로 채울 수 있게 인도해 주소서.
제가 언제나 참되며 고귀하며 정직하며 순수하며 사랑스러우며
좋은 소식이며 덕스러우며 높일 가치가 있는 것들만
생각하게 도와 주세요.
주님, 제가 당신께서 말씀하신 "흠이 없는 마음" 만을
품으며 살게 하소서.

하나님의 인도를 받아들이는 것

*

여호와여 내가 알거니와 인생의 길이 자기에게 있지 아니하니 걸음을 지도함이 걷는 자에게 있지 아니하니이다. 렘 10:23

인생은 발걸음이다. 매일 우리는 걸음을 내 딛는다. 우리의 내일은 오늘 걸은 발걸음에 의해 결정된다. 우리가 하늘 아버지와 함께 걷는 방법을 배워나갈 때 그분께서는 우리를 멀리 보내버리지 않으시고 팔을 내밀어 우리의 손을 잡아 주신다. 그분께서 가장 원하시는 열망은 우리가 매일매일의 발걸음 속에서 그분을 점점 더 의지하게 되는 것이다.

우리가 하나님을 의지할 때 그분께서는 우리가 한 번도 가보지 못한 장소로 데려가시고 또한 상상도 할 수 없을 만큼 높은 곳으로 우리를 인도하신다. 만약 당신이 그릇된 방향으로 걸어가고 있다면 하나님께서는 당신의 발걸음을 되돌리실 것이다. 당신이 멈추어 있다면 하나님께서는 당신을 움직이도록 독려하실 것이다.

하나님의 손을 잡고 그분께서 이끄시는 대로 발걸음을 내 디뎌 보라. 그러면 그분은 당신을 가장 필요한 장소로 인도해 가실 것이다.

주님, 당신께서 저를 위해 예비하신 그 길로 인도해 주세요.
저는 오늘부터 당신과 함께 걸어가기를 원합니다.
저는 믿음으로 이 발걸음을 내 디뎌보겠습니다.

그리고 당신께서 저를 만족시키신다는 사실을 의심치 않겠어요.
제 마음이 당신의 마음과 부합될 수 있도록 도와주소서.
저는 제가 어디에 있든지, 심지어 경로에서 벗어나 있을 때에라도
당신께서는 저를 인도해 주실 것이라는 사실을 신뢰해요.
당신이 저를 이끄시는 길마다
당신의 은혜가 충만할 것이라는 사실을 잘 알고 있어요.
당신께서는 제 인생을 위해 올바른 방향을 예비해 두셨어요.
저는 그것을 잘 알기에 그 지식 안에서 쉼을 얻을 수 있습니다.

✱ ✱

주께서 생명의 길로 내게 보이시리니 주의 앞에는 기쁨이 충만하고 주의 우편에는 영원한 즐거움이 있나이다. 시 16:11

    하나님과 함께 걷는 방법을 배우는 것은 하나의 과정이다. 심지어 우리가 그 방법들을 모두 배웠다고 생각하는 시점에서도 하나님께서는 우리를 새로운 장소로 인도하심으로 과거의 재주들을 아무런 쓸모가 없는 것들로 만드신다. 그래서 우리는 일생을 통해 그분과 동행하는 방법을 배우고 또 배우게 된다. 왜냐하면 우리는 본질적으로 그렇게 살아갈 수밖에 없는 존재들이기 때문이다.

    우리는 익숙하지 않은 영역으로 들어가면서 우리의 힘만으로는 세상을 제대로 살아갈 수 없고 넘어질 수밖에 없다는 사실을 다시 한번 상기하게 된다.

하지만 우리가 하나님의 손을 붙들 때 우리는 하늘 높이 날아갈 수 있다. 하나님께서는 우리 자신과 우리의 삶이 가진 한계를 초월하여 비상하기를 원하신다. 당신이 단지 믿음의 삶을 살아가기만 하면 하나님께서 당신을 통해 위대한 일들을 성취하신다는 사실이 얼마나 놀라운가? 만약 당신이 어떤 방향으로 움직이라는 하나님의 인도의 음성을 듣고 있다면 나는 당신에게 이 두 마디의 말을 던지고 싶다. 그대로 하라!

주님, 제가 연약하고 실수투성이 일지라도 당신께 감사 드려요.
왜냐하면 당신께서는 저를 다시 일으켜 세우셔서
제가 걸어가야 할 길을 계속해서 인도할 것이기 때문입니다.
혹시 제가 지금 걸어가고 있는 방향을 정확히 이해하지
못하고 있다면 제게 지혜와 능력을 주셔서
제가 걸어가야 할 방향을 알게 하시고
그곳으로 걸어갈 수 있게 인도해 주소서.
주님은 제가 당신을 전적으로 의지하면서 삶의 길을
걸어갈 수 있는 방법을 가르쳐 주실 수 있습니다.
저는 당신의 그 능력을 의지해요.
왜냐하면 저는 당신을 의지한다는 것 자체가
최대의 복이라는 사실을 잘 알기 때문입니다.
제가 실망감과 낭패감을 느끼고 있는 바로 그때
오직 당신만을 의지할 수 있게 인도해 주세요.
그것이 바로 제가 살아가야 할 진정한 삶의 태도입니다.
제 마음이 언제나 당신을 의지하는 방향에 놓이게 해 주소서.

::하나님의 뜻을 이해하는 4가지 올바른 태도

1. 하나님의 뜻을 따른다고 해서 아무런 어려움도 겪지 않는 것은 아니다.

    왜냐하면 어려움은 인생의 일부분이기 때문이다. 삶 속에서 하나님의 뜻을 따라 살아갈 때 당신은 극한 어려움 한가운데서도 충만과 평화를 맛볼 수 있다. 당신은 하나님의 뜻 안에서 걸어가고 그분께서 원하시는 일을 할 때 엄청난 자신감을 가질 수 있다. 만약 당신이 그런 사실을 잘 이해하게 된다면 당신은 삶이 당신을 어디로 데려갈지라도 그것들을 훌륭하게 대처해낼 수 있게 된다. 그러므로 당신이 삶 속에서 어려움을 겪고 있다고 해서 당신이 하나님의 뜻에서 벗어나 있다고 생각해서는 안 된다. 하나님께서는 당신을 더 완벽한 존재로 빚어가시기 위해 고난을 사용하신다. 하나님의 뜻에서 벗어나는 삶과 하나님에 의해 테스트 받고 연단 받는 삶 사이에는 엄청난 차이가 있다. 물론 두 가지 모두 힘든 상황이기는 하지만 말이다. 하지만 그 상황이 얼마나 어렵든지 간에 하나님께 연단 받는 상황 속에서 당신은 평화를 얻을 수 있다. 반면 하나님의 뜻에서 벗어난 상황 속에서는 그렇게 될 수 없다.

2. 하나님의 뜻을 따른다는 것은 결코 쉬운 일이 아니다.

    예수님의 삶을 통해서도 알 수 있지만 하나님의 뜻을 따른다는 것은 항상 즐겁고 유쾌하고 기쁜 것이 아니며 쉬운 것은 더더욱 아니다. 예수님께서는 하나님의 뜻을 따르기 위해 십자가 위에서 돌아가셨다. 그분께서는 이렇게 말씀하셨다. "내가 하늘로서 내려온 것은 내 뜻을 행하려 함이 아니요 나를 보내신 이의 뜻을 행하려 함이니라"(요6:38).

만약 어떤 사람이 "저는 하나님의 뜻을 따르고 싶지 않아요" 라고 말한다면 그는 그리스도 안에 속한 사람이 아닐 수 있다. 왜냐하면 그리스도께서는 하나님의 뜻을 완벽하게 순종히셨으며 우리 또한 하나님의 뜻에 순종하도록 우리를 도우시기 때문이다.

3. 하나님의 뜻을 따름으로써 당신은 매우 큰 불편을 느낄 수도 있다.

만약 당신이 하나님과 동행하면서 그 어떤 긴장감이나 불편함도 느끼지 않았다면 나는 당신이 진정으로 하나님의 뜻 한가운데 있었는지 그것을 물어보고 싶다. 나의 개인적인 경험을 비추어 말하건대 하나님의 뜻 안에서 걸어갈 때 긴장감과 불편함을 느끼는 것은 어쩌면 당연한 결과일지도 모른다.

4. 하나님의 뜻을 따르는 삶은 저절로 만들어지지 않는다.

하나님께서는 우리에게 자유의지를 주셨다. 그래서 우리는 우리의 의지를 하나님의 뜻에 맞출 것인지 그렇게 하지 않을 것인지를 스스로 결정할 수 있다. 우리는 매일매일의 삶 속에서 그런 결정을 내려야 한다. 우리는 정말로 그분의 뜻을 구하고 있는가? 우리는 정말로 그분께 지혜를 구하고 있는가? 우리는 정말로 그분의 말씀대로 살아가고 있는가? "그러므로 어리석은 자가 되지 말고 오직 주의 뜻이 무엇인가 이해하라" (엡5:17). 우리는 하루하루의 삶 속에서 그분의 뜻을 따르겠노라고 선택해야 한다.

때를 따라 주어지는 선물을 향유하는 것
Enjoying Gifts Along The Way

　　　　　　　　　　　　　　것
　　　　　　　　　　향유하는
　　　　　　　　선물을
　　　　　　　　　　는
　　　　　　추어지
　　　　따라
　때를

주님의 치유

*

의인이 외치매 여호와께서 들으시고 저희의 모든 환난에서 건지셨도다.
시 34:17

우리 모두에게는 시시때때로 자유가 필요하다. 왜냐하면 우리가 아무리 영적인 사람이라 할지라도 여전히 육체의 모양을 하고 있는 존재들이기 때문이다. 그리고 우리가 아무리 완벽한 삶을 살고 있다 할지라도 여전히 세상 속에서 악의 근거지를 확산시켜 가고 있는 사탄의 위협 앞에 서 있기 때문이다.

하나님은 우리를 붙잡고 결박하고 있는 모든 것들로부터 우리가 자유하기를 원하신다. 그리고 그분으로부터 멀어지게 하는 모든 것들로부터 해방되기를 원하신다.

우리는 너무나 자주 예수님께서 엄청난 대가를 지불하시고 우리를 자유롭게 하셨다는 사실을 제대로 이해하지 못하는 사람처럼 살고 있다. 예수님께서는 하나님 아버지의 뜻을 따라 이 악한 세대에서 우리를 건지시려고 우리 죄를 위하여 자기 몸을 드리셨다(갈1:4). 그리고 앞으로도 계속해서 우리가 늘 자유롭게 살아가기를 원하신다.

주님, 저에게 이런 약속을 해 주셔서 감사합니다.
"주께서 나를 모든 악한 일에서 건져 내시고
또 그의 천국에 들어 가도록 구원 하시리니

그에게 영광이 세세 무궁토록 있을찌어다"(딤후 4:18).
당신께서 계시지 않았다면 저는 욕망에 붙잡혀서 살아갔을 거예요.
그리고 눈이 어두워 진리를 깨닫지 못하고
죄에 억눌린 채 살아 갔을 거예요.
하지만 당신이 나와 함께계셔서 이 모든 것들로부터 자유롭게 되었어요. "내 시대가 주께 있사오니 내 원수와 핍박하는 자의
손에서 나를 건지소서"(시 31:15).
제가 그리스도께서 주신 자유를 견고히 누리면서
살아갈 수 있도록 도와 주소서.

※ ※

주의 의로 나를 건지시며 나를 풀어 주시며 주의 귀를 내게 기울이사 나를 구원

하소서 시 71:2

만약 당신이 자유를 위해 기도한다면 당신은 참된 자유를 발견하게 될 것이다.

당신 혼자서 또는 견실한 믿음을 가진 사람들과 함께 이것을 놓고 기도해보라. 그리고 하나님의 말씀 속에 담긴 진리를 명확하고 깊이 이해하기 위해 그것을 자주 묵상하라. 그리고 하나님의 임재 안에서 많은 시간을 보내라. 당신은 예배와 찬양을 통해 하나님의 임재를 가장 효과적이고 강렬하게 느낄 수 있게 될 것이다.

하나님께서는 우리를 사랑하시고 우리에게 깊은 애정을 가지고

계시다는 이유 하나만으로 우리에게 자유를 주신 것은 아니다. 그분은 우리가 전 생애를 바쳐 거룩함과 의로움으로 두려움 없이 그분을 섬기게 하시려고 우리에게 자유를 주셨다(눅 1:74-75). 당신은 자유를 얻었다고 해서 마치 다른 사람인 것처럼 살지 않게 될 것이다. 당신은 있는 그대로의 진정한 당신 모습을 드러내면서 살아가게 될 것이다.

그분이 주신 자유안에서 당신은 지적이며 안정감 있고, 사랑스러우며 재능이 많고, 친절하며 유모어가 풍부하고, 매력적인 하나님의 자녀로서 살아가게 될 것이다.

주님, 저를 얽어매고 당신으로부터 멀어지게 하는 것들로부터
저를 구원해 주세요.
저에게 지혜를 주셔서 올바른 길로 걸어갈 수 있게 해 주소서.
또한 능력을 주셔서 저를 넘어뜨리려는 것들을 뿌리치고
일어설 수 있게 해 주세요. 제 안에서 선한 일을 시작하신 당신은
그것을 완성하시리라는 사실을 잘 알고 있습니다.
제게 포기하지 않는 인내력을 주시고
당신의 말씀 안에서 굳건히 설 수 있는 힘을 주세요.
제 앞에서 어두움은 밝은 빛으로 변하게 하시고
굽어진 곳은 곧게 펴지게 해 주소서.
주님, 당신은 저의 구원자십니다.
저에게 자유를 주신 당신께 찬양과 감사를 올려 드립니다.

주님의 빛

*

우리가 저에게서 듣고 너희에게 전하는 소식이 이것이니 곧 하나님은 빛이시라 그에게는 어두움이 조금도 없으시니라 만일 우리가 하나님과 사귐이 있다 하고 어두운 가운데 행하면 거짓말을 하고 진리를 행치 아니함이거니와 저가 빛 가운데 계신 것 같이 우리도 빛 가운데 행하면 우리가 서로 사귐이 있고 그 아들 예수의 피가 우리를 모든 죄에서 깨끗하게 하실 것이요. 요일 1:5-7

다윗 왕은 매우 혹독한 암흑의 시기를 잘 이겨낸 사람이었다. 암흑의 시기들 중 어떤 시기는 자신의 잘못 때문에 초래되었으며 어떤 시기는 다른 이유 때문에 야기되었다. 어쨌든 그는 이 모든 시기들을 만날 때마다 자신의 길을 비춰줄 빛은 오직 하나님께로부터 온다는 사실을 인식했다. 그는 자신이 처한 상황이 어떠하든지 간에 자신은 하나님께로부터 기름부음 받은 사람이라는 사실을 잊지 않았다. 심지어 잘못된 선택을 한 상황에서도 주님을 향한 마음을 버리지 않았다. 그래서 하나님께서는 결코 그가 파멸되도록 내버려 두지 않으셨다.

이것은 하나님을 사랑하는 우리에게도 동일하게 적용된다. 하나님의 빛은 언제나 우리에게 비추어지고 있다. 우리 삶 속에 엄습하는 암흑의 세력이 아무리 강하고 맹렬할지라도 우리가 하나님을 바라볼 수만 있다면 결코 어두움 속에 있는 것이 아니다.

하나님께서는 늘 변함없으신 분이시기 때문에 그분의 빛 또한 늘 변함없이 우리에게 비추어 진다.

> 주님, 저는 당신께서
> 제 인생의 빛이 되신다는 사실을 믿습니다.
> 당신께서는 정말 변함없으신 분이세요.
> 당신께서 변함없으신 분이시기 때문에
> 제 인생에 어떠한 어두움이 드리워진다 해도
> 당신의 빛은 변함없이 저를 비추어 줄 거에요.
> 저는 오늘도 하루를 당신께 드립니다.
> 그리고 당신의 빛이 제가 걸어가는 길을 가장 정확하게
> 비추어주실 것을 믿어요.

✶ ✶

> 내가 소경을 그들의 알지 못하는 길로 이끌며 그들의 알지 못하는 첩경으로 인도하며 흑암으로 그 앞에 광명이 되게 하며 굽은 데를 곧게 할 것이라 내가 이 일을 행하여 그들을 버리지 아니하리니. 사 42:16

우리는 어둡고 어려운 시기를 만날 때마다 모든 곤경이 사라지고 근심이 물러가고 슬픔이 녹아지고 고통이 소멸되고 치료가 이루어지는 날들이 오기를 기대한다. 우리는 지금 당하고 있는 어려움에서 우리를 해방시켜 달라고 계속해서 하나님께 간구한다. 하지만 상황을 변화시켜 달라고 간구하면서 기다리는 그 시점에서도 하나님께

서는 우리와 함께 하신다는 사실을 잘 인식하지 못할 때가 많다. 그 시간 하나님은 우리가 그 사실을 깨닫기를 원하신다. 우리는 가장 어두운 한밤중에도 그분의 빛을 발견할 수 있어야 한다.

미래에 일어날 것 같은 일들로 인해 미리 걱정하지 말라. 하나님은 친히 당신을 인도하실 것이며 당신이 이 사실을 신뢰하기를 원하신다. 비록 당신은 앞날에 일이날 일들을 전혀 알지 못하지만 믿음으로 그것을 하나님께 맡기라. 그리고 과거에 일어났던 일들을 상기하면서 지나치게 걱정하지 말라. 어쨌든 하나님께서는 그 모든 것들까지도 알고 계신다.

당신은 지금 빛되신 하나님을 모시고 있다. 바로 이것이 당신이 가장 중요하게 생각해야 할 사실이다.

주님, 제가 당신의 길로 걸어가며
당신의 뜻 안에 거하게 해 주세요.
제가 흔들리거나 의심에 빠지지 않도록
저를 더욱 강한 사람으로 만들어 주소서.
제 영혼이 어두운 밤을 만난다 할지라도 빛되신
당신의 말씀이 그곳을 비추게 해 주세요.
제 마음이 항상 당신의 손길을 느낄 수 있고
당신의 교훈을 깨달아 알 수 있게 인도해 주소서.
제가 당신의 때를 신뢰하면서 기다릴 수 있도록 도와 주세요.
제게 흔들리지 않는 믿음을 주셔서 당신과 함께 걸어갈 때마다
당신의 방법을 의심하지 않고
당신의 사랑을 잊지 않도록 인도해 주소서.

주님의 소망

*

아무것도 염려하지 말고 오직 모든 일에 기도와 간구로 너희 구할 것을 감사함으로 하나님께 아뢰라 그리하면 모든 지각에 뛰어난 하나님의 평강이 그리스도 예수 안에서 너희 마음과 생각을 지키시리라. 빌 4:6-7

염려와 좌절과 두려움과 허무함을 느끼는 것은 인생의 당연한 모습이라고 생각하곤 했다. 또한 그것은 내가 살아가고 있는 모습이기도 했다. 하지만 하나님을 알고 그분의 길을 걷기 시작하면서부터 나는 그분을 믿고 그분께 순종하는 사람들은 모두 그것들에게 속박되지 않을 수 있다는 사실을 알게 되었다. 심지어 부정적인 감정들까지도 극복할 수 있다는 사실을 이해하게 되었다. 왜냐하면 하나님께서는 그것들을 우리에게서 멀리 보내주시기 때문이다. 하지만 그렇게 되기 위해서 우리가 해야 할 일이 있는데 그것은 바로 기도이다.

우리 모두는 어려움과 만나면 홀로 남겨졌거나 버림 받았다는 감정을 느낀다. 하지만 그것은 진실이 아니다.

하나님은 우리를 돕기 위해 늘 우리와 함께 하신다. 그리고 우리가 간절히 그분을 구할 때 우리에게 찾아 오신다. 어려움 한가운데서도 우리는 부정적인 감정들에 의해 흔들릴 필요가 없다.

우리는 기도를 통해 그러한 감정들을 거부할 수 있다. 또한 하나님의 말씀 속에 담긴 소망의 메시지를 이해함으로써 그것들을 제어할 수 있다.

주님, 제가 당신의 기쁨과 평화 속에서
살아갈 수 있도록 인도해 주세요.
제가 염려와 분노와 시기와 불안과 짜증과 비통함과 외로움과
두려움과 죄책감을 이겨낼 수 있도록 제게 지혜와 능력을 주소서.
제 심령이 제 안에서 압도당하며 제 마음이
제 안에서 짜질 때 저를 구원해 주세요(시 143:4).
저는 제 인생이 부정적인 감정들로 인해
심연으로 떨어지지 않기를 원합니다.
저는 당신께서 저를 위해 더 좋은 인생을 계획하고 계시다는
사실을 잘 알고 있어요.
제가 부정적인 감정들에 사로 잡히려 할 때마다
당신의 진리를 보여주세요. 그리고 당신의 소망을 보여주소서.

✶ ✶

그러나 의를 위하여 고난을 받으면 복 있는 자니 저희의 두려워함을 두려워 말며 소동치 말고 너희 마음에 그리스도를 주로 삼아 거룩하게 하고 너희 속에 있는 소망에 관한 이유를 묻는 자에게는 대답할 것을 항상 예비하되 온유와 두려움으로 하고. 벧전 3:14-15

우리는 우리의 말을 들어주는 사람이나 우리에게 질문하는 사람에게 우리의 믿음을 설명할 수 있어야 한다. 이것은 우리가 해야 할 말들 중 가장 중요한 말이다. 우리는 우리 안에 소망을 담을 수 있는

이유를 다른 사람들에게 설명할 수 있어야 한다. 그래서 우리는 하나님을 향한 우리의 믿음을 명료하게 설명할 수 있을 만한 강한 담력을 얻기 위해 기도해야 한다

우리는 우리가 왜 예수님을 메시아로 부르게 되었는지, 왜 성령님 없이는 살아갈 수 없는지, 왜 하나님의 길을 걸어갈 수밖에 없게 되었는지를 다른 사람들에게 설명할 수 있게 해달라고 하나님께 간구해야 한다.

만약 우리 마음 속에 하나님의 사랑과 그분의 선하심과 소망을 담은 말씀들이 흘러 넘치지 못한다면 그리고 그것들이 우리의 입술을 통해 증거되지 못한다면 우리는 우리가 받은 귀한 선물을 다른 사람들과 함께 나눌 기회를 상실하고 있는 것이다.

주님, 제가 이미 세워졌고 결코 소멸되지 않을
당신의 말씀들을 증거하는 사람이 되게 해 주세요.
저를 둘러 싼 사람들과 환경 속에서
당신의 생명과 소망을 증거하게 하소서.
매일 제 마음 속에 성령님의 새로운 기운을 채워주셔서
당신의 사랑과 선하심이 제 마음과 입술에서 흘러 넘치게 해 주세요.
제 안에 소망의 말씀들이 가득 차서 제가 억제할 수 없는
심정으로 저의 믿음을 다른 사람들에게 말할 수 있게 해 주세요.
또한 저의 증거들로 인해 다른 사람들이
하나님을 향한 더 충만한 지식을 얻을 수 있게 해 주소서.

주님의 축복

*

여호와 하나님은 해요 방패시라 여호와께서 은혜와 영화를 주시며 정직히 행하는 자에게 좋은 것을 아끼지 아니하실 것임이니이다. 시 84:11

하나님께서 당신에게 무엇을 원하고 계시는지를 계속해서 물어보는 것은 매우 중요하다. 만약 당신이 그것을 물어보지 않는다면 결코 당신을 향한 하나님의 소망을 알 수 없을 것이다. 이것은 매우 간단한 원리이다. 예를 들어 하나님께서는 당신이 어떤 직업을 선택하기를 원하고 계신지 모른다. 그리고 어떤 활동을 중단하거나, 어떤 교회에 출석하거나, 지금까지 당신이 늘 고수해왔던 어떤 방법을 변경하기를 원하고 계신지도 모른다.

그분께서 당신에게 원하시는 것이 무엇이든 간에 이것만은 기억하라. 그분께서는 당신에게 최대의 축복을 내려주시려고 이것을 원하고 계신다는 사실을 말이다. 하지만 한 가지 사실을 더 알아야 한다. 만약 하나님께서 말씀을 통해 당신에게 행하라고 명령하신 것들을 순종하지 않고 다른 길을 걸어가고 있다면 당신은 하나님의 음성을 전혀 듣지 못하게 될 것이다.

"사람이 귀를 돌이키고 율법을 듣지 아니하면 그의 기도도 가증하니라"(잠28:9). 당신은 하나님께서 당신을 위해 예비하신 그 길로 걸어가게 해 달라고 늘 기도해야 한다.

주님, 제 마음은 모든 것들에 있어
당신의 말씀에 순종하기를 원합니다.
혹시라도 순종하지 않은 부분이 있다면 말씀해 주세요.
만약 제가 이해력이 부족하여 꼭 가야 할 길임에도 불구하고
순종의 발걸음을 떼 딛지 못했다면
제 눈을 열어 그 길을 보게 하시고
그곳으로 발걸음을 떼 딛게 인도해 주소서.
저는 당신의 말씀에 순종하는 삶을 살지 못함으로 인해
당신께서 제 인생을 위해 예비하신
은총을 놓치고 싶지 않습니다.

✳ ✳

무엇이든지 구하는 바를 그에게 받나니 이는 우리가 그의 계명들을 지키고 그
앞에서 기뻐하시는 것을 행함이라. 요일 3:22

훌륭한 직업을 얻고 멋진 상황 속에 있다고 해서 우리는 무턱대고 인생을 즐길 수 없다. 즉, 성공적인 삶을 만들어가고 있다고 해서 누리고 싶은 모든 것을 취할 수는 없는 것이다. 우리는 훈련을 받으면서 살아야 한다. 그리고 그것을 통해 성숙한 성품을 이루어 가야 한다.

우리는 어떠한 환경 속에서도 하나님을 신뢰하는 사람으로 빚어져 가야 한다. 하나님께서는 우리의 삶을 축복하시기를 원하신다. 하

지만 동시에 우리가 그분의 요구하는 바에 기꺼이 순종하기를 원하신다.

만약 당신이 하나님의 요구가 너무나 어렵고 벅차다고 느낀다면 그럴 때마다 성령님께 도움을 구해보라. 당신을 향한 하나님의 축복을 얻기 위해 자신을 기꺼이 헌신해보라. 당신이 옳은 방향을 향해 첫 발을 내딛기 전까지 하나님께서는 당신을 향한 축복을 보류해 두고 계실 것이다. 하지만 당신이 기꺼이 하나님의 길로 발걸음을 옮긴다면 성령님께서 나머지 걸음을 인도하시고 보살펴 주실 것이다.

주님, 당신은 성경을 통해 "당신의 율법을 사랑하는 사람들은
큰 평화를 맛보고 그 무엇으로부터도
넘어짐을 당하지 않게 될 것"이라고 말씀하셨습니다.
저는 당신의 율법을 사랑해요.
당신의 법은 선하고 제게 큰 유익이 되기 때문입니다.
제가 넘어지고 실패하는 삶을 살지 않도록
당신의 규례들을 하나하나 소중히 지키면서 살아가게 하소서.
제가 당신의 길을 걸어감으로 말미암아 자신감을 얻고
당신 안에 거함으로 평화를 맛볼 수 있도록 인도해 주세요.
제가 점점 더 당신의 방법을 깨달을 수 있도록 도와 주세요.
그래서 당신의 임재를 충만히 느끼며
당신께서 저를 위해 예비하신 축복을 모두 받아 누리며
살 수 있게 **해 주소서**.

주님의 위로

✳

너는 여호와를 바랄지어다 강하고 담대하며 여호와를 바랄지어다. 시 27:14

우리의 영적 상태와 감정적 상태는 같은 방향으로 움직이기 쉽다. 고난과 시련과 슬픔과 고통의 어두운 구름이 우리 앞에 드리워져 어떤 일들도 낙관할 수 없을 때 우리는 상황 저편에 고요하고 밝고 투명한 장소가 있다는 사실을 인식하지 못하게 된다. 하지만 만약 우리가 이러한 어려움 속에서도 하나님의 손을 붙든다면 그분께서는 우리를 모든 상황들 위로 들어올리시며 위로와 친밀함과 안전함이 있는 장소로 우리를 인도하실 것이다.

성령님의 이름들 중 내가 가장 좋아하는 이름은 바로 위로자 Comforter이다. 마치 우리가 태양에게 빛을 비추어 달라고 부탁할 필요가 없듯이 우리는 성령님께 우리를 위로해 달라고 부탁할 필요가 없다. 왜냐하면 그분은 본질적으로 위로자이시기 때문이다. 우리는 우리를 하나님께로부터 분리시키려는 것이면 그것이 무엇이든 간에 그것들로부터 벗어나야 한다.

우리는 어려운 시기를 만날 때마다 그 안에 하나님의 놀라운 위로가 숨겨져 있다는 사실을 민감하게 깨달을 수 있도록 기도해야 한다.

주님, 제게 아무리 어둡고 불확실한 상황이
닥쳐온다 할지라도 당신께서 제 삶의 빛이 되시며

결코 저를 버려 두지 않으신다는 사실을
제가 기억할 수 있게 해 주세요.
제 삶에 아무리 어두운 구름이 드리워진다 할지라도
당신께서는 저를 폭풍위로 들어 올리시며
당신의 임재를 느낄 수 있는 위로의 장소로
저를 인도해 주실 것을 믿습니다.
제가 고난의 시기를 만날 때 제게
당신의 임재를 더 깊이 느낄 수 있는 감각을 주세요.
제가 당신과 함께 걸어갈 수 있도록
제게 마음의 소망과 육체의 생명을 주셔서 감사 합니다.
당신은 정말 저의 위로자이십니다.

✶ ✶

심령이 가난한 자는 복이 있나니 천국이 저희 것임이요 애통하는 자는 복이 있
나니 저희가 위로를 받을 것임이요. 마 5:3-4

우리가 고난과 비극, 상실과 참상, 실망의 한가운데 놓여 있을 때 우리는 심각한 상처를 입은 나머지 그 문제들 이면에 다른 무엇인가가 존재하고 있다는 사실을 미처 발견하지 못한다. 하지만 성령님께서는 바로 그 문제들 한가운데 계시면서 우리를 도우신다.

성경은 그분의 또 다른 이름을 언급하고 있다. 그분은 바로 보혜사 Helper이시다. "내가 아버지께 구하겠으니 그가 또 다른 보혜사를 너희

에게 주사 영원토록 너희와 함께 있게 하시리니 저는 진리의 영이라"(요 14:16-17).

우리가 도움과 위로를 얻기 위해 성령님을 구할 때 그분께서는 우리를 도와 주실 뿐 아니라 우리가 지금까지 경험한 것 이상으로 그분의 임재를 더 깊이 체험하게 하실 것이다. 우리는 심지어 애통할 때 조차도 그분의 축복을 받게 될 것이다. 왜냐하면 그분께서는 우리가 슬퍼할 때 우리를 위로하시는 위로자이시기 때문이다.

주님, 제가 어떤 일을 만나든지
당신께 감사 드리는 것을 잊지 않게 해 주세요.
당신은 모든 일들 가운데에 거하신다는 사실을 잘 알고 있습니다.
당신께서 저를 구원하시고 저는 당신의 소유가 되었다는
사실을 제가 늘 깨닫게 해 주세요.
그리고 그것이 다른 어떤 것보다 중요한 사실임을 잊지 않게 하소서.
저는 제가 강물 한가운데를 통과하고 있을지라도
당신께서 저와 함께 하시기 때문에
그 물들이 저를 삼키지 못할 것이라는 사실을 잘 알고 있습니다.
당신께서는 신하신 하나님이시며 저를 돕고 위로하시기 위해
제게 성령님을 보내주셨습니다.
소망의 하나님, 당신께 기도 드려요.
당신은 제 안에 평강과 기쁨을 채워 주셔서
성령님의 능력으로 소망이 넘치게 하실 것을 믿습니다(롬 15:13).
보혜사시며, 위로자 되신 성령님을 제게 보내주셔서
정말 감사 드립니다.

:: 하나님의 말씀을 읽어야 하는 10가지 중요한 이유

1. 당신이 가고 있는 길을 이해하기 위해서

   당신은 미래를 예견할 수 없으며 당신이 가고 있는 방향도 정확히 진단할 수 없나. 하지만 하나님의 밀씀은 딩신을 잘 인도해 줄 것이다(시편 119편 133절).

2. 지혜를 얻기 위해서

   하나님의 말씀을 이해하는 지식을 통해 당신은 더 많은 지혜를 얻게 될 것이다(시편 19편 7절).

3. 성공적인 삶을 살기 위해서

   당신이 성경의 가르침대로 살아간다면 당신 속에서 생명이 역동하게 될 것이다(여호수아 1장 8절).

4. 순결한 삶을 살기 위해서

   당신은 하나님의 임재를 더 많이 체험하기 위해 거룩하고 순결한 삶을 살아가야 한다. 하지만 하나님의 말씀을 통하지 않고서는 당신은 결코 혼자 힘으로 깨끗하게 될 수 없다(시편 119편 9절).

5. 하나님께 순종하기 위해서

   만약 당신이 하나님의 법도를 이해하지 못하고 있다면 어떻게 그분께 순종할 수 있겠는가?(시편 119편 33절-35절).

6. 기쁨을 얻기 위해서

당신은 마음 속에 하나님의 말씀을 담고 있지 않고서는 결코 염려와 불안에서 자유로울 수 없다(시편 19편 8절).

7. 믿음이 자라나게 하기 위해서

당신은 하나님의 말씀을 읽고 듣지 않고서는 믿음을 성장시킬 수 없다

(로마서 10장 10절).

8. 자유를 얻기 위해서

만약 당신이 진리를 발견하기 위해 하나님 말씀을 열심히 공부하지 않는다면 당신이 무엇으로부터 자유케 되어야 하는지 알 수 없게 될 것이다

(요한복음 8장 31절-32절).

9. 평안을 얻기 위해서

하나님께서는 당신에게 세상이 줄 수 없는 평안을 주실 수 있다. 그것을 얻기 위해 당신은 가장 먼저 하나님 말씀 속에서 그 비결을 찾아야 할 것이다

(시편 119편 165절).

10. 선과 악을 분별하기 위해서

오늘날 사회는 모든 것들이 점점 더 상대주의화 되어 가고 있다. 하나님 말씀 없이 당신은 어떻게 옳고 그른 것들을 분별해낼 수 있겠는가?(시편 119편 11절)

거룩한 영감을 얻는 것
Receiving Divine Inspiration

거룩한 영감을 얻는 것

변화를 통해

*

내가 그리스도와 함께 십자가에 못 박혔나니 그런즉 이제는 내가 산 것이 아니요 오직 내 안에 그리스도께서 사신 것이라 이제 내가 육체 가운데 사는 것은 나를 사랑하사 나를 위하여 자기 몸을 버리신 하나님의 아들을 믿는 믿음 안에서 사는 것이라. 갈 2:20

우리가 우리 자신을 변화시킬 수 없는 것은 전혀 이상한 일이 아니다. 심지어 우리는 무엇을 변화시켜야 하며 왜 변화되어야 하는지 제대로 이해하지 못할 때가 있다. 오직 하나님께서 이 모든 것들을 볼 수 있도록 우리의 눈을 열어 주셔야만 우리는 변화의 필요성을 깨닫고 실제로 변화할 수 있다. 그래서 우리는 "주님, 저를 변화시켜 주세요." 라고 기도해야 한다. 나는 이것이 가장 두렵고 어려운 기도들 중 하나라는 사실을 잘 알고 있다.

우리는 우리 자신이 변화되어야 할 필요성보다 다른 사람들이 변화되어야 할 필요성을 더 많이 인식하면서 기도할 때가 많다. "주님, 저를 변화시켜 주세요." 라고 기도하기 보다 "주님, 그를 변화시켜 주세요." 내지는 "주님, 그녀를 변화시켜 주세요." 라고 기도할 때가 많다. 한편 우리는 "하나님께서 우리에게 원하시는 것이라면 무엇이든 이루어주세요" 라고 기도할 때가 많다. 이것은 너무나 추상적이고 무책임한 기도가 될 수 있다. 왜냐하면 그 기도 속에는 하나님의 뜻을 알려는 노력이 부족하기 때문이다.

우리는 하나님께 드릴 좋은 기도의 방법을 알고 있다. 그것은 어려운 기도가 아니다. 이렇게 기도할 수 있다. "제가 예수님을 점점 더 닮아가게 해 주세요." 예수님의 성품을 닮고 싶지 않은 사람이 어디 있겠는가?

주님, 저는 변화되기를 원해요.
그리고 그 변화가 오늘부터 시작되기를 위해 기도합니다.
하지만 제 힘만으로는 제 자신을 지속적이고 실제적으로
변화시킬 수 없다는 사실을 잘 알고 있어요.
오직 모든 것들을 변화시키시는 성령님의 능력을 신뢰할 때
저는 그런 변화를 경험할 수 있습니다.
제 속에서 머무하시는 성령님의 능력을 통해 변화시켜 주세요.
저를 통해 당신의 영광이 풍성하게 드러날 수 있도록 도와 주세요.
저를 당신과 닮은 모습으로 변화시켜 주소서.
저는 당신께서 당신의 풍성함을 보여주셨듯이
제게도 필요한 모든 것들을 공급해 주실 것을 잘 알고 있습니다.

*

그러므로 너희가 이제 여러 가지 시험으로 인하여 잠깐 근심하게 되지 않을 수 없었으나 오히려 크게 기뻐하도다 너희 믿음의 시련이 불로 연단하여도 없어질 금보다 더 귀하여 예수 그리스도의 나타나실 때에 칭찬과 영광과 존귀를 얻게 하려 함이라. 벧전 1:6-7

만약 우리가 하나님께서 요구하시는 믿음 안으로 발걸음을 내딛기 시작한다면 하나님께서는 우리를 통해 위대한 일들을 행하실 것이다. 바로 그 속에는 하나님께서 우리에게 고통의 시간을 허락하시는 이유가 담겨 있기도 하다.

하나님께서는 때로 우리에게 상처 입고 무력한 감정을 느끼게 하신다. 그분은 우리가 당신께로 다시 돌아오게 하시려고 우리 가운데서 어떤 일들이 일어나게 만드신다. 바로 그때 우리는 믿음으로 기도할 수밖에 없게 된다. 그러면서 우리의 믿음과 삶은 변화되기 시작한다.

당신이 하나님의 말씀 속에 있는 진리와 약속들을 굳게 붙잡고 그것들을 큰 목소리로 선포할 때 당신의 믿음은 점점 더 자라나게 될 것이다. 우리가 하나님께 나아가고 그분을 만나는 매 순간마다 우리의 삶은 치료와 변화와 전환을 경험하게 될 것이다.

주님, 제 마음 속에 딱딱한 부분이 있다면
부드럽게 변화시켜 주시고 부식되어 가고 있는 부분이 있다면
신선하게 변화시켜 주세요.
성품 속에 다루기 어려운 부분이 있다면
교훈하여 주시고 이끌어 주소서.
그리고 예수님처럼 제가 당신께 더욱 신실하고
순종적인 사람이 될 수 있게 하세요.
제가 변화되는 것을 거부하려고 할 때마다
당신께서 제 인생 가운데서 놀라운 일들을 행하실 것이라는
사실을 신뢰하면서 그 변화를 받아들이고 싶습니다.

성령님의 능력을 통해 저를 변화시켜 주소서.
제가 능력 있는 기도를 할 수 있도록 저에게 믿음을 주세요.
저는 당장 급한 필요들만을 위해 전전긍긍해 하며
기도할 수 없을 만큼 연약한 믿음의 상태에 놓이고 싶지 않아요.
그리고 제가 변화하는데 있어 제 자신이나 주어진 상황만을
의지하고 싶지 않습니다.

용서를 통해

*

비판치 말라 그리하면 너희가 비판을 받지 않을 것이요 정죄하지 말라 그리하면 너희가 정죄를 받지 않을 것이요 용서하라 그리하면 너희가 용서를 받을 것이요. 눅 6:37

용서는 우리가 매일 선택해야 하는 덕목이다. 우리는 용서를 원하든 원치 않든 그것을 선택해야 한다. 그것은 감정의 문제가 아닌 결정의 문제이다. 만약 우리가 감정적으로 용서할 마음이 생길 때를 기다린다면 우리는 평생 용서하지 못하게 될지도 모른다. 만약 당신이 어떤 사람을 정말로 용서하지 못할 것 같은 생각을 가지고 있다면 용서의 마음을 달라고 하나님께 간구해 보라.

당신이 기도할 수 있는 모든 방법을 동원해 그 사람을 위해 기도해 보라. 그러면 놀랍게도 하나님께서 당신의 마음을 부드럽게 만들어 주실 것이다. 우리의 분노와 원한과 상처들은 모두 그분의 사랑 안에서 녹아지게 될 것이다.

때로 우리는 우리에게 일어난 일들로 인해 하나님을 원망하기도 한다. 그럴 때, 이러한 일들이 당신에게 어떤 의미를 부여하고 있는지 보여달라고 하나님께 간구해보라. 용서하지 못하고 원망하는 마음 때문에 하나님께서 당신의 삶 속에서 하고자 하시는 일들의 의미가 무색하게 하지 말라.

주님, 제가 용서할 줄 아는 사람이 되게 해 주세요.
제가 있지 말아야 할 장소를 보여주세요.
혹시 제 영혼 깊은 곳이 굳게 닫혀 다른 사람들을
용서하지 못하는 부분은 없나요?
그리고 그것이 제 미래를 위험에 빠뜨리고 있지는 않나요?
주님, 저를 향한 당신의 깊고 넓은 용서의 경지를
이해할 수 있게 해 주소서.
그래서 굳은 마음으로 다른 사람들을
용서하지 못하는 상태가 되지 않게 하세요.
제가 실패할 때 저 자신을 용서할 수 있도록 도와 주소서.
당신께서 성경을 통해 말씀하신 것처럼 제가 원수까지도
사랑할 수 있는 사람이 되게 해 주세요.
저를 저주하고 핍박하는 사람들까지도
축복할 수 있는 법을 제게 가르쳐 주세요.
주님, 제가 가능한 빨리 용서할 줄 아는 사람이 되게 해 주소서.

✶ ✶

너희가 사람의 과실을 용서하면 너희 천부께서도 너희 과실을 용서 하시려니와.

마 6:14

우리가 인생을 살면서 행한 모든 일들 중 영원한 가치를 가지는 것은 두 가지로 압축될 수 있다. 그것은 바로 하나님을 사랑하고 이웃을 사랑하는 것이다. 우리는 하나님을 사랑하는 것이 이웃을 사랑하는 것보다 훨씬 중요하다고 느낀다. 하지만 하나님께서는 이 두 가지를 동일한 것으로 간주하신다.

우리가 나타낼 수 있는 가장 좋은 사랑의 표현 중 하나는 바로 용서하는 것이다. 사실 우리에게 상처를 주고 불쾌감을 주고 부당한 대우를 하는 사람들을 용서한다는 것은 매우 어렵다. 하지만 하나님은 우리가 원수까지도 사랑하기를 원하신다. 하나님께서는 그렇게 하는 과정 속에서 우리를 완전하게 만드신다. 우리는 도저히 용서할 수 없는 사람들을 상기하곤 한다. 그렇지만 우리는 그런 행동을 멈추어야 한다.

용서를 통해 당신의 마음과 정신은 더욱 개방적이 되고 성령님께서 당신 안에서 더욱 자유롭게 활동하시게 된다. 용서를 통해 당신은 하나님을 더욱 사랑하게 되고 그분의 사랑을 더 깊이 느끼게 된다. 정말로 용서가 없는 인생은 의미가 없다.

주님, 혹시 제가 용서하지 못하여 저와의 관계가
점점 더 멀어지고 있는 가족은 없나요?
당신께 기도하오니 저와 그들을 가로막고 있는 담을 허물어 주세요.
제가 그들과 화해할 수 있도록 도와 주소서.
제가 용서해야 할 상황과 만날 때마다
그렇게 할 수 있도록 도와 주세요.
주님, 저는 당신의 뜻을 따르는데 있어
어떤 것들의 방해도 받고 싶지 않습니다.
저는 오늘도 모든 사람들과 모든 상황들을 용서하기로 선택합니다.

그리고 용서하지 못하는 마음이 가져다 주는
황폐함으로부터 벗어나 자유롭게 걷고 싶어요.
저는 용서하지 못하는 어두운 마음을 가지고 있는 한 다른 사람들에게
빛이 될 수 없다는 사실을 잘 알고 있습니다.
당신께서 빛 가운데 계시고 모든 죄들로부터 자유로우신 것처럼
저 역시 빛 가운데서 걸어가기로 선택합니다.

예배를 통해

*

감사로 제사를 드리는 자가 나를 영화롭게 하나니 그 행위를 옳게 하는 자에게 내가 하나님의 구원을 보이리라. 시 50:23

우리가 할 수 있는 것들 중 하나님께 예배 드리는 것만큼 강렬하고 인생을 변화시킬 만한 것은 없다. 예배는 우리를 변화시키시는 하나님의 방법들 중 하나이다.

우리가 하나님을 찬양하고 경배할 때마다 그분께서는 우리 가운데 임재하셔서 우리의 마음을 변화시키신다. 또한 성령님을 통해 우리의 마음을 그분께서 원하시는 마음 즉, 따뜻하고 부드러운 마음으로 만들어 주신다.

만약 당신이 예배의 진정한 기쁨과 능력을 경험한다면 당신은 어떠한 환경 속에서도 주님을 경배하기로 결정할 수 있게 될 것이다. 즉, 당신이 하나님을 더 잘 알게 될수록 당신은 그분을 더욱 더 경배하고 싶어진다. 그 어떤 것들도 당신이 하나님을 경배하는 것을 방해하지 못하게 될 것이다.

당신은 언제나 그분을 경배하는 자리에서 벗어나지 않게 될 것이다.

**주님, 제게 있어 당신을 경배하는 것보다
더 큰 기쁨이 없습니다.**

저는 오늘도 감사의 마음을 가지고
당신의 임재 안으로 들어가기를 원해요.
그리고 당신께 예배하기 원합니다.
당신은 위대하고 찬양 받으시기에 합당해요.
그래서 저는 당신의 이름을 높여드리고 싶어요.
제 마음에 당신의 기쁨을 주셔서 감사해요.
모든 존귀와 위엄과 능력과 영광과 거룩과 의가
당신 안에 있습니다.

✳ ✳

감사로 하나님께 제사를 드리며 지극히 높으신 자에게 네 서원을 갚으며 환난 날
에 나를 부르라 내가 너를 건지리니 네가 나를 영화롭게 하리로다. 시 50:14-15

  다른 성도들과 함께 하나님을 찬양하고 예배하는 것은 우리 인생에서 가장 의미 있고 중요한 일들 중 하나이다.
  우리는 함께 예배함으로써 묶였던 사슬을 끊을 수 있고 우리가 이전에 경험하지 못했던 변화를 경험할 수 있게 된다. 함께 하나님을 찬양할 때 우리의 영혼은 그 어떤 것들도 가져다 줄 수 없는 강력하고 역동적인 일들을 경험하게 된다.
  당신이 교회를 얼마나 오래 다녔든 상관없이 당신은 하나님께 진정한 예배를 드리게 해달라고 간구해야 한다.
  당신은 전인격을 드려 하나님께서 원하시는 예배를 드려야 한다.

당신이 한낮에 마음을 다해 쉬지 않고 불렀던 찬양의 노래가 저녁에도 당신 영혼에서 흘러 넘쳐야 한다.

주님, 제 인생 속에 두신
당신의 계획이 선함으로 인해 당신께 감사 드려요.
저를 위해 소망으로 가득 찬 미래를 예비하심을 감사 드립니다.
또한 제가 더 훌륭한 당신의 자녀가 될 수 있도록
저를 항상 회복시켜 주셔서 감사 드려요.
당신은 저의 치료자시며 구원자시며 공급자시며
구속자시며 아버지시며 위로자이십니다.
저는 그것으로 인해 당신께 감사 드리고 찬양 드려요.
당신의 말씀과 당신의 아들 예수 그리스도,
그리고 이 세상과 제 인생을 통해 행하신 일들로
당신을 나타내 보이심을 감사 드립니다.

꿈을 통해

*

사랑하는 자들아 우리가 지금은 하나님의 자녀라 장래에 어떻게 될 것은 아직 나타나지 아니하였으나 그가 나타나심이 되면 우리가 그와 같을 줄을 아는 것은 그의 계신 그대로 볼 것을 인함이니. 요일 3:2

하나님께서는 우리가 꿈꾸기를 원하신다. 그분은 당신의 목적을 이루시기 위해 우리 마음 속에 꿈을 두신다. 그래서 우리가 꿈을 꾸되 그분을 배제한 꿈을 꾸지 않기를 원하신다. 하나님은 우리가 비전을 가지지 않으면 망하게 될 것이라고 성경을 통해 말씀하셨다. 물론 여기서 말하는 비전은 그분으로부터 받은 비전을 말한다. 그래서 만약 우리가 그분으로부터 비전을 받지 못한다면 우리에게는 아무런 비전도 꿈도 없게 될 것이다.

때로 하나님은 우리의 어떤 꿈은 포기하기를 원하신다. 왜냐하면 우리가 우리 자신이 만들어 놓은 꿈만을 추구하면서 살아갈 때에는 하나님의 인도를 받을 수 없기 때문이다. 우리의 꿈들이 하나님의 뜻 외부에 놓여 있을 때 하나님께서는 그것들이 포기되기를 원하신다. 만약 우리의 꿈과 비전들이 오직 우리 자신만을 위한 것이고 하나님을 위한 것이 아니라면 설령 우리가 그것들을 이루어 가더라도 우리는 충만한 삶을 살아가지 못할 것이다.

우리 마음 속에 있는 꿈들이 하나님께서 주신 꿈들일 때 우리는 더욱 더 하나님의 길을 걷고자 하는 열망을 가지게 될 것이다.

주님, 저는 오늘도 당신께 저의 모든 꿈과 비전들을 말씀 드려요.
만약 그것들 중에 하나님의 뜻이 아닌 것들이 있다면
당신께 구하오니 그것들을 제게서 멀리 보내 주세요.
그리고 제가 인생을 살면서 마땅히 가져야
할 꿈과 비전들을 보여 주소서.
저는 꿈을 가졌다고 말하면서 실제로는 우상을 섬기는 것이
얼마나 위험한 일인지 잘 알고 있어요.
제가 저 자신만을 위한 비전에 매어 그것을 위해 전력을 다하고
그것에 끌려 다니지 않게 해 주세요.
저는 오늘도 저의 모든 꿈들을 당신께 올려 드립니다.
그리고 인생을 살면서 제가 열망해야 할 가장 중요한 꿈은 바로
당신의 뜻을 따르는 것이 되어야 함을 고백합니다.
저는 당신께서 제 인생을 위해 계획하신 꿈들을
제가 바라볼 수 있기를 원합니다.
그래서 늘 당신의 길을 따르며
당신께로부터 거룩한 영감을 얻기를 원합니다.

✸✸

묵시가 없으면 백성이 방자히 행하거니와 율법을 지키는 자는 복이 있느니라.
잠 29:18

하나님께서 우리의 삶을 변화시키고자 하실 때 우리는 기꺼이 그

분의 뜻을 받들어야 한다. 이 과정에서 하나님께서는 우리에게 불필요한 모든 것들을 잘라 없애시려고 하실 것이다. 또한 우리가 점점 더 성장하여 아름다운 열매를 맺기 위한 준비를 하는데 있어 우리를 방해하는 것들을 제거하실 것이다. 이 시기 동안 우리의 삶은 아무런 진전이 없는 것처럼 보일 수 있다. 하지만 하나님께서는 이러한 과정을 통해 우리의 삶이 앞을 향해 나아가지 못하도록 방해하는 것들로부터 우리를 자유롭게 만드신다.

우리는 언제나 공허한 꿈만 꾸고 그 속에 감추어져 있는 본질을 이해하지 못하는 낙관적 공상가가 되고 싶어하지 않는다. 우리의 소망과 꿈과 기대들이 하나님께서 주신 어떤 것들에 근거하고 있다는 사실에 자신감을 가지길 원한다. 즉, 우리의 꿈 이면에 하나님께서 서 계시기를 원한다. 우리는 오직 하나님께로부터 온 소망들을 가지길 원한다.

우리를 향한 하나님의 약속과 우리를 위해 계획하신 그분의 목표에 근거해서 소망을 세우길 원한다. 바로 이러한 소망이야말로 우리의 영혼을 더욱 견고하게 만들 수 있다.

주님, 저는 제 마음의 열망들이
당신 마음 속에 있는 열망과 일치하기를 원해요.
저는 저 자신을 위해 세워 놓았던 소망과 꿈을 포기한다는 것이
얼마나 어려운지 잘 알지만 그것들을 당신의 발 앞에 버려 놓습니다.
저는 당신의 결정을 받아들이고
그것들 앞에 제 모든 결정들을 온전히 포기합니다.
주님, 당신의 길로 저를 인도해 주소서.

저는 제 자신으로부터 비롯된 비전을 말하지 않겠습니다(렘 23:16).
제게 미래를 향한 당신의 비전을 주시고
제 마음 속에 당신의 소망을 심어 주세요.
제가 삶의 변화와 전환을 경험할 때마다
당신의 인도를 구하는 사람이 되게 해 주세요.
제가 당신과 동행하기를 갈망하게 하시고
당신께서 저를 위해 미리 준비해 두신 놀라운 일들을
기대하게 하소서.
심지어 제가 시련에 직면해 있을지라도
당신은 여전히 저를 지켜주시고
사랑하신다는 사실을 잊지 않게 하소서.
제 삶의 모든 부분을 세밀하게 돌보아 주시고
제 삶을 향한 당신의 계획을
충만히 이루어 주셔서 감사 드립니다.

기도를 통해

*

우리가 이 보배를 질그릇에 가졌으니 이는 능력의 심히 큰 것이 하나님께 있고 우리에게 있지 아니함을 알게 하려 함이라. 고후 4:7

하나님께서 나의 인생 경로를 평탄하게 만드실 수 있다는 사실을 잘 알고 있다. 그리고 그분은 인생의 폭풍우를 잠잠케 하실 수 있고 위험한 모든 상황에서 나를 안전하게 지키실 수 있다는 사실도 알고 있다. 그리고 복잡한 상황들로 인해 내 인생이 얽매어져 있을 때에도 그것들을 풀어 단순하게 하실 수 있다는 사실도 알고 있다. 하지만 이런 일들은 저절로 이루어지는 것이 아니다. 오직 기도를 통해서만 이루어질 수 있는 것이다.

기도는 우리로 하여금 우리 자신의 길이 아닌 하나님의 길로 걸어가게 한다. 기도는 우리의 시야를 임시적인 것으로부터 영원한 것으로 옮겨 주며 무엇이 인생에서 가장 중요한 것인지를 보여준다. 그것은 우리로 하여금 모든 거짓된 것들과 진리를 구별해낼 수 있는 능력을 부여해준다. 그것은 우리의 믿음을 더욱 강하게 하며 불가능하게 보이는 것들조차 가능하다고 믿을 수 있는 용기를 준다. 그것은 우리로 하여금 하나님의 뜻에 순종하는 자녀가 될 수 있도록 우리에게 신령한 영감을 준다. 그리고 최대한 하나님을 신뢰하고 사랑하는 사람이 되어야겠다는 마음을 준다.

주님, 당신은 성경을 통해 당신을 믿는 사람들은
마음으로부터 생수의 강이 흘러 넘치게 될 것이라고
말씀하셨습니다(요 7:38). 저는 당신의 그 말씀을 믿습니다.
그리고 오늘뿐 아니라 제가 살아있는 매일매일의 삶 속에서
그 생수의 강이 마음으로부터 흘러 넘치기를 갈망해요.
저는 당신의 성령께서 바로 지금 제 마음을
새롭게 정화시켜 주시기를 원해요.
샘물이 깨끗하게 유지되기 위해서는
끊임없이 깨끗한 물로 바뀌어져야 하듯이
제 마음 또한 그렇게 정화되기를 원합니다.
제가 기도할 때마다 당신의 성령께서 제게 찾아와 주시기를
그래서 그분께서 저의 연약함을 도와주시기를 원해요.
당신에 대해 잘 모르는 것이 있다면
그것을 가르쳐 주시기를 원합니다.

✳ ✳

지금까지는 너희가 내 이름으로 아무것도 구하지 아니하였으나 구하라 그리하면 받으리니 너희 기쁨이 충만하리라. 요 16:24

당신은 삶 속에서 주님의 임재를 더 세밀하게 느끼고 싶은 갈망을 가지고 있는가? 당신은 하나님을 더 깊이 알고자 하는 열망을 가지고 있는가? 여기 좋은 소식이 있다. 그것은 바로 하나님께서는 당신

이 그분의 임재를 더 갈망하기를 원하고 계시다는 것이다. 그분 안에서 당신 자신을 충족시키기를 원하신다. 그분은 당신과 더 가까이에서 함께 걸어가기를 원하신다. 그분은 당신의 모든 소망과 꿈들을 그분의 손에 맡기기를 원하신다. 그리고 당신의 모든 필요를 이루기 위해 그분만을 의지하기를 원하신다.

당신이 그분의 소원을 들어 드릴 때 그분께서는 축복의 창고를 열어 당신의 삶을 축복해 주실 것이다. 왜냐하면 그것이 바로 당신을 향한 그분의 뜻이기 때문이다. 만약 당신이 쉬지 않고 기도한다면 하나님께서는 이 모든 것들을 당신에게 허락하실 것이다.

주님, 제 인생에서 필요한 모든 것들을 얻기 위해
오직 당신만을 바라봅니다.
오직 당신 속에 저의 모든 기대를 담을 수 있도록 도와주세요.
제 자신과 제가 처한 환경을 변화시키기 위해서는
당신의 능력이 필요합니다.
저는 너무나 절실히 그것을 느끼고 있어요.
당신께서는 제가 그런 능력 안에서 살아갈 수 있도록
이미 제게 성령님을 보내 주셨어요.
또한 당신은 저를 사랑하시기 **때문에**
저에게 영원한 생명까지 주셨어요.
저 또한 그런 당신을 더욱 사랑할 수 있도록 도와**주소서**.
당신의 임재를 갈망합니다.
저의 시선과 관심을 오직 당신께로 고정시키고
신실한 마음으로 기도드릴 수 있게 저를 인도해 주소서.

::하나님께 예배 드려야 하는 20가지 합당한 이유

1. 내 죄를 용서해 주셨기 때문이다.
2. 내 모든 질병들을 치료해 주셨기 때문이다.
3. 내 삶을 파멸로부터 구속해 주셨기 때문이다.
4. 내게 인애의 왕관을 씌워 주셨기 때문이다.
5. 좋은 것들로 내 입을 만족시켜 주셨기 때문이다.
6. 압제자들을 의로움과 공평함으로 심판하셨기 때문이다.
7. 내게 당신의 길을 알려 주셨기 때문이다.
8. 자비로우시기 때문이다.
9. 은혜로우시기 때문이다.
10. 노하기를 더디 하시기 때문이다.
11. 나와 함께 분투하시기 때문이다.
12. 분노를 영원히 품지 않으시기 때문이다.
13. 우리의 죄를 있는 그대로 갚지 않으시기 때문이다.
14. 당신을 경외하는 자들에게 엄청난 자비를 베푸시기 때문이다.
15. 우리의 잘못을 없애 주시기 때문이다.
16. 우리를 불쌍히 여기시기 때문이다.
17. 우리가 흙으로부터 왔다는 사실을 잊지 않으시기 때문이다.
18. 그분의 자비는 영원하기 때문이다.
19. 당신께 순종하는 자녀들을 축복해 주시기 때문이다.
20. 삶의 모든 것을 다스리시는 그분의 왕권은 굳건하기 때문이다.

멋진 인생을 살아가는 것
Living the Good Life

멋진 인생을 살아가는 것

좋은 일

*

의인의 수고는 생명에 이르고 악인의 소득은 죄에 이르느니라. 잠 10:16

당신이 하고 있는 일이 오직 하나님께만 주목을 받고 세상으로부터 전혀 주목을 받지 못하는 일이라 할지라도 실망하지 말라. 또한 당신이 하고 있는 일이 당신에게 엄청난 부를 얻게 하든, 아무런 금전적 보상도 얻지 못하든 핵심적인 부분을 간과하지 말라. 가장 중요한 사실은 당신의 일이 가치 있는 일이냐 그렇지 않은 일이냐에 달려 있다. 그리고 하나님께서 축복하시는 일이냐 그렇지 않은 일이냐에 달려 있다. 그래서 당신은 이것을 위해 자주 하나님께 기도 드려야 한다.

기도는 우리로 하여금 우리의 생명을 잃게 만드는 "소유를 위한 탐욕"(잠 1:19)과 우리를 가난하게 만드는 "게으른 손"(잠 10:4) 사이에서 균형을 발견하게 한다.

기도는 우리로 하여금 "부자가 되기 위해 과도히 애쓰지 않게 만들며"(잠 23:4-5) 그저 "부지런히 일하게 함으로써 금전적 보상이 자연스럽게 찾아오도록"(잠 10:4) 만든다.

기도는 우리로 하여금 게으름과 집착, 온 세상을 얻는 것과 우리의 영혼을 잃는 것 사이에서 균형을 발견하게 한다.

주님, 저는 제가 하는 일들을 통해 하나님을 섬기고
다른 사람들을 섬기는 미래를 그려 갔으면 좋겠습니다.
제가 마땅히 해야 할 일들을 늘 제게 보여 주세요.
그리고 그것들을 잘 감당할 수 있는 힘과 에너지를 공급해 주소서.
제게 필요한 기술도 향상되게 하시고
제가 맡은 일들을 충실히 성공적으로 해낼 수 있는 역량도 주세요.
당신의 인도에 따라 미래를 향한 발걸음을 내 딛게 도와 주세요.
당신께서 저를 위해 계획하신 모든 일 속에서
제가 큰 희열과 만족을 느낄 수 있도록 인도해 주소서.

**

여호와를 경외하며 그 도에 행하는 자마다 복이 있도다 네가 네 손이 수고한대로 먹을 것이라 네가 복되고 형통하리로다. 시 128:1-2

당신이 하고 있는 일들은 하나님께 매우 중요한 일이다. 그리고 다른 사람들에게도 매우 중요한 일이다. 그리고 당신 자신에게도 매우 중요한 일이다. 그래서 당신은 반드시 최선을 다해 당신이 하고 있는 일들을 위해 기도해야 한다. 당신의 일들을 하나님께 맡기고 그 일들을 축복해 달라고 간구하라. 하지만 한 가지 잊지 말아야 할 사실은 때로 일에 대한 보상은 일 그 자체에서 얻는 실제적인 보람만으로 그칠 때가 있다는 것이다.

당신은 가정을 잘 꾸려가고 사회 봉사 활동을 하고 아이들을 가르치지만 아무런 금전적 보상을 받지 못할 수도 있다. 하지만 그러한 일들의 결과를 보면서 얻는 보상은 값으로 매길 수 없는 것이다.

  하나님께서 당신에게 원하시는 것이 무엇인지 여쭈어 보라. 그리고 당신이 하는 모든 일들을 통해 하나님께 영광을 돌리려고 애쓰라. 또한 당신이 맡은 일들을 잘 해낼 수 있도록 하나님께 도움을 구하라. 그래서 당신의 일들이 열매를 맺고 성공을 거둘 수 있도록 하라.

주님, 저의 모든 일들을 당신께 맡겨요.
그 모든 것들을 성취시켜 주실 것을 믿습니다.
제가 하고 있는 일들을 늘 사랑하고
그것들을 잘 해낼 수 있도록 인도해 주세요.
당신께서 말씀하신 것처럼 제가 할 일들을
부지런히 할 수 있도록 도와 주소서.
제 마음에 일에 대한 열정을 주시고
그 일을 통해 당신을 섬길 수 있기를 원합니다.
제 손의 수고가 다른 사람들에게 기쁨과 축복의 통로가 되게 하소서.
그것들이 항상 당신을 영화롭게 할 수 있도록 인도해 주세요.

좋은 관계

*

그러므로 이제부터 너희가 외인도 아니요 손도 아니요 오직 성도들과 동일한 시민이요 하나님의 권속이라 너희는 사도들과 선지자들의 터 위에 세우심을 입은 자라 그리스도 예수께서 친히 모퉁이 돌이 되셨느니라. 엡 2:19-20

하나님께서는 우리를 가족이라는 관계 안에서 존재하도록 창조하셨다. 우리는 근본적으로 소속되고, 지지 받고, 필요한 사람이 되고, 인정 받고 싶은 열망을 가지고 있다. 만약 당신이 가족으로부터도 그런 대우를 받지 못했다면 여기에 복된 소식이 있다. 그것은 바로 하나님께서는 우리에게 영적 차원의 가족 관계를 형성해 주셨다는 것이다. 이것은 많은 면에서 매우 중요한 의미를 가진다.

하나님께서는 우리의 아버지이시다. 그리고 우리는 그분의 자녀이다. 그래서 예수 그리스도를 믿는 우리들은 모두 형제이며 자매이다. 하지만 우리는 너무나 많아서 한 집에서 함께 살 수가 없다. 그래서 하나님께서는 우리를 위해 여러 개의 집을 만들어 주셨다.

우리는 그것을 교회라고 부른다. 이 교회 안에서 형성된 가족 관계는 우리의 삶에 매우 중요한 의미를 부여한다. 우리는 하나님께서 우리의 삶 속에서 만나게 해 주신 교회 가족 구성원들을 무시하고서는 결코 풍성한 삶을 살아갈 수 없다.

주님, 제가 관계를 맺고 있는 모든 사람들을
당신께 올려 드립니다.
하나님 그들을 축복해 주세요.
또한 그들 모두가 당신을 영화롭게 하는 삶을 살게 하소서.
제가 친구를 지혜롭게 잘 선별하여
잘못된 길로 끌려 가지 않게 도와 주소서.
제게 좋지 않은 영향력을 미치는 사람들을
멀리 할 수 있도록 제게 분별력과 용기를 주세요.
저와 관계를 맺고 있는 사람들을 당신께 아뢰고,
각각의 관계 속에서 당신의 뜻이 이루어지기를 위해 기도합니다.
저의 혈통적 가족들뿐 아니라 영적 가족들 모두에게
축복을 베려 주소서.

✷ ✷

하나님은 고독한 자로 가속 중에 처하게 하시며 수금된 자를 이끌어 내사 형통
케 하시느니라. 시 68:6

    하나님과 친밀하게 동행하는 사람들과 함께 멍에를 매는 것은 매우 중요하다. 신실한 성도들이라면 또 다른 성도들에게 도움을 주어야 할 책임이 있다. 그들은 친밀한 관계를 유지하면서 서로에 대한 책임을 다해야 한다. 이것은 정말 중요한 원리이다. 왜냐하면 우리는 모두 좋지 않은 영향에 의해 현혹될 수 있는 가능성을 가지고 있고

약점을 보유하고 있기 때문이다. 우리는 우리의 삶과 자아를 진실하게 볼 수 있도록 다른 사람들로부터 도움을 받아야 한다. 그리고 설사 엄격하게 들리는 말이라 할지라도 그리스도의 사랑 안에서 진실한 관계를 선포했다면 절대 그것을 깨뜨릴 수 없는 그런 종류의 관계가 필요하다.

이것은 불신자와는 아무런 관계도 맺지 말라는 의미가 아니다. 오히려 그 반대의 의미이다. 우리는 하나님의 나라 확장을 위해 도구로 사용되어야 할 존재들이기 때문에 불신자들에게 가까이 나아가야 한다. 하지만 우리와 가장 가까운 관계를 맺고 있는 사람들, 우리에게 가장 중요한 영향력을 미치는 사람들은 하나님을 사랑하고 그분을 두려워하는 사람들이 되어야 한다. 만약 당신과의 관계가 그렇지 못하다면 그런 거룩한 친구들을 당신의 삶 속에 보내 달라고 하나님께 기도 드려야 한다. 그리고 당신이 만나고 있는 사람들에게 당신 자신이 그런 거룩한 친구가 되어 주도록 노력해야 한다.

주님, 제 삶 속에 거룩한 친구들, 역할 모델들,
멘토들을 보내 주세요.
사랑 안에서 진리를 말해 주는 사람들을 보내 주소서.
특별히, 제 삶 속에
신뢰할 만하고 친절하며 사랑이 많고
믿음이 강한 여성들이 있기를 소원합니다.
무엇보다 제 삶 속에
신실한 여성들이 많아지게 해 주시고
저 또한 그들의 삶 속에서

그런 사람이 되게 해 주세요.
우리는 상호相互가 열망하는 기준을 향해 달려가는
사람들이 되게 해 주소서.
우리 사이에 용서와 사랑의 물결이
자유로이 흘러가게 해 주세요.
저의 모든 관계 속에서
제가 당신의 빛의 역할을 잘 감당하게 인도해 주소서.

좋은 태도

*

만일 우리가 우리 죄를 자백하면 저는 미쁘시고 의로우사 우리 죄를 사하시며
모든 불의에서 우리를 깨끗케 하실 것이요. 요일 1:9

여성들은 열매 맺는 삶을 살기를 원한다. 그들은 힘든 시련과 그 밖의 필요들이 자신들을 흔들지라도 하나님의 진리 안에 거하면서 결코 넘어지길 원치 않는다. 그들은 가능한 모든 노력을 동원해 하나님을 더 잘 알기 원한다. 또한 성령님의 능력을 통해 변화되기 원한다. 하지만 그들은 자주 자신들이 일상 생활 속에서 행하고 있는 모든 일들이 자신들의 소망과 부합된 것인지 아닌지 잘 분별하지 못한다. 그들은 혹시 자신이 잘못된 행동을 하고 있는 것은 아닌지 하고 스스로를 돌아보기도 하고 자신이 하고 있는 일이 옳은 일인지 정확히 판단하지 못하기도 한다.

바로 그런 이유 때문에 우리는 우리의 태도들을 놓고 기도해야 한다. 행복한 마음으로 기다리는 사람, 흔들리지 않고 소망을 간직한 사람, 언제나 위를 바라보는 사람이 되게 해 달라고 하나님께 간구해야 한다. 또한 우리 자신 뿐 아니라 다른 사람들 역시 그런 사람이 되기를 위해서 기도해야 한다.

하나님께서는 중요한 일들을 이루시기 위해 당신을 준비시키고 계신다. 그리고 그 일들은 당신이 행하기도 전에 하나님께서 이미 이루시려고 작정하신 것들이기도 하다. 당신은 언제나 올바른 태도를

가짐으로써 잘 준비된 사람이 되도록 하나님께 간구해야 한다.

> **주님, 가난한 마음으로 당신 앞에 나옵니다.**
> 제 마음 속에서 잘못된 생각들을 모두 제거해 주시고
> 제 영혼에 새로운 영을 창조해 주세요.
> 제가 품었던 잘못된 생각들, 제가 내뱉었던 잘못된 말들,
> 당신을 영화롭게 하지 못했던 행동들을 용서해 주소서.
> 또한 간접적으로라도 당신의 명령에 순종하지 않았던
> 행동들을 용서해 주세요.
> 저는 당신께서 저를 위해 계획하신 모든 일들을 해내기 위해
> 잘 준비되기를 원해요. 저를 변화시켜 주소서.
> 저는 당신께서 "은혜로우시며 자비로우시며 노하기를
> 더디 하시며 인애가 크시다"(욜 2:13)는 사실을 잘 압니다.
> 당신의 그런 성품들로 인해 저를 용서해 주세요.
> 그리고 당신의 자비로 제 삶을 변화시켜 주소서.

※ ※

하나님을 가까이 하라 그리하면 너희를 가까이 하시리라 죄인들아 손을 깨끗이 하라 두 마음을 품은 자들아 마음을 성결케 하라. 약 4:8

이 세상에 죄보다 더 무거운 것은 없다. 우리는 죄의 파괴적인 무게가 우리의 영혼을 짓눌러 죽음에 이르게 한다는 사실을 경험적으

로 느끼기 전에는 그것이 얼마나 무거운지 잘 깨닫지 못한다. 그것은 실로 파괴적인 힘을 가졌다. 그것은 하나님과 우리 사이에 높은 벽을 만들 만큼 강한 힘을 가졌다. 그래서 우리는 죄를 지었다고 인식하자마자 즉시 하나님께 회개하여 우리의 마음을 정화시키고 순화시켜야 한다.

회개라는 것은 하나님 앞에서 우리의 죄를 공개하는 것이다. 그렇다고 그것이 하나님께서 전혀 모르시는 어떤 내용을 그분께 알려 드리는 것을 의미하지는 않는다.

그분께서는 이미 당신의 죄를 알고 계신다. 그분께서는 당신 스스로가 죄를 지었다는 사실을 알기를 원하신다. 하지만 회개는 단순히 사과하는 차원의 행위가 아니다. 물론 회개의 기회는 누구에게나 주어진다. 하지만 진정한 회개는 당신이 범한 죄의 내용을 하나님께 자세히 아뢰는 것임과 동시에 그것에서 온전히 돌이키겠다는 의지가 포함된 것이다.

주님, 만약 제 모습 속에서
제가 인식하기 어려운 생각의 죄, 말의 죄, 행동의 죄가 있다면
그것을 보여주세요.
저에 대한 진실을 보여주셔서
자신을 정확히 발견할 수 있게 인도해 주세요.
제 영혼을 감찰하시고 제 행동의 동기를 파헤쳐 주소서.
제 속에 변화가 필요한 부분이 있다면
제게 변화할 수 있는 능력을 주세요.
제 모습 속에서 반드시 보아야 할 필요가 있는 부분이 있으면

그것을 볼 수 있도록 제 눈을 열어 주세요.
그래서 발견한 그 모든 죄들을 회개하고
그것에서 제 발걸음을 돌이킬 수 있도록 인도해 주소서.
저는 당신께서 성경을 통해 말씀하신 명령을 따라
제 손을 깨끗하게 하고 제 마음을 순결하게 하기를 원합니다.

좋은 보호

*

네가 말하기를 여호와는 나의 피난처시라 하고 지존자로 거처를 삼았으므로 화가 네게 미치지 못하며 재앙이 네 장막에 가까이 오지 못하리니. 시 91:9-10

개인적으로 나는 우리의 하늘 아버지께서는 우리가 인식하는 것 이상으로 우리를 돌보시고 위험으로부터 보호해 주신다고 믿는다. 그러나 이것은 당연하게 얻어진 믿음이 아니다. 이것은 끊임없는 기도를 통해 얻어진 믿음이다.

하나님의 보호 아래에서 살고 있다는 인식은 하나님께 순종하고 하나님의 뜻 안에서 살고자 하는 태도와 관련되어 생겨난다. 만약 우리가 이런 태도를 가지고 살아가지 않는다면 우리는 그분께서 드리우신 보호의 우산 안에서 벗어난 듯한 감정을 느끼게 된다.

우리는 어떤 길로 걸어가라는 그분의 목소리를 들을 수 없게 된다. 만약 많은 사람들이 마땅히 해야 할 일들을 보여달라고, 그리고 하나님께 순종하게 해 달라고 기도했다면 그들은 비참한 상황 가운데서 벗어날 수 있었을 것이다.

주님, 당신의 보호하시는 손길이 제게 펼쳐지기를 간구합니다.
당신의 말씀을 신뢰하게 하소서.
당신은 저의 바위시며 요새시며 구원자시며 방패시며
산성이시며 제가 의지할 능력이십니다.

제가 결코 당신의 뜻 밖에서 방황하지 않고
당신이 저를 위해 예비하신 길을
이탈해서 헤매지 않도록 도와주세요.
제가 항상 당신의 인도하시는 음성을 들을 수 있도록 도와주소서.
주님, 당신은 저의 피난처가 되시며 힘이 되시며
어려울 때 도움이 되세요.
당신의 평화는 저의 두려움을 잠잠케 만들고
어떤 환경 속에서도 제게 자신감을 줍니다.

✶ ✶

저가 너를 위하여 그 사자들을 명하사 네 모든 길에 너를 지키게 하심이라.
시 91:11

   당신이 불확실한 상황에 처해 있을 때 즉, 미래가 여러 가지 위험한 요인들로 인해 불안해 보일 때 당신은 하늘 아버지와 교통하고 있다는 사실과 그분의 눈이 당신에게 고정되어 있다는 사실을 인식함으로써 자신감을 얻어야 한다. 그럴 때일수록 당신은 지속적으로 하나님께 기도드려야 한다.
   당신은 응답이 올 때까지 끊임 없이 기도해야 한다.
   당신은 하나님의 길로 뛰어갈 때 안전할 수 있다. 무엇보다 매일매일의 삶을 그분과 함께할 때 안전한 영역을 확보할 수 있다. 성경은 이렇게 말하고 있다. "여호와를 경외하는 자는 견고한 의뢰가 있나니 그 자녀들에게 피난처가 있으리라 여호와를 경외하는 것은 생명의 샘이라 사망의 그물에서 벗어나게 하느니라"(잠 14:26-27).

우리의 시선을 하나님께 둘 때 하나님 또한 그분의 시선을 우리에게 두신다.

"하나님이여 나를 불쌍히 여기시고 나를 긍휼히 여기소서
내 영혼이 주께로 피하되 주의 날개 그늘 아래서
이 재앙이 지나기까지 피하리이다"(시 57:1).
주님, 말씀으로 위로해 주셔서 감사 드립니다.
"내가 평안히 눕고 자기도 하리니
나를 안전히 거하게 하시는 이는 오직 여호와시니이다"(시 4:8).
저를 안전하게 보호해 주시겠다고 약속하신 당신께 감사 드립니다.
저는 오늘도 그 약속을 의지하면서 살아갑니다.
그리고 저의 남은 인생 또한 그것을 의지하면서 살아가겠습니다.
주님, 당신께 경배 드려요.
당신은 강한 힘으로 저를 보호해 주셨고
언제나 내마음의 피난처가 되어 주셨어요.
또한 변함 없이 위로와 능력의 원천이 되어 주셨어요.
주님, 당신께 정말 감사 드려요.
저는 당신의 품에서 삶의 안식을 누리고 싶습니다.

좋은 열매

*

오직 성령의 열매는 사랑과 희락과 화평과 오래 참음과 자비와 양선과 충성과 온유와 절제니 이같은 것을 금지할 법이 없느니라. 갈 5:22

우리가 인식하고 있든 인식하지 못하든 우리는 매일 삶의 현장에서 어떤 씨앗들을 뿌리고 있다. 또한 우리는 과거에 뿌렸던 씨앗들이 무엇이든 간에 그 열매를 현재 거두고 있다. 바로 현재의 삶의 질은 우리가 뿌렸던 씨앗들과 거두어 들인 열매에 의해 결정되는 것이다.

우리는 뿌린 씨앗의 종류에 따라 선한 것들과 악한 것들을 거두어 들이게 된다. 그래서 지금 올바른 씨앗들을 뿌리고 배양하는 것은 매우 중요하다.

예수님께서는 자신을 포도나무로 당신과 나를 가지라고 말씀하셨다. 그래서 만약 우리가 그분 안에 머물러 abide 있으면 열매를 맺게 된다고 말씀하셨다. 여기서 "머물러"라는 단어는 체류해 있거나 거하고 있다는 의미이다. 다시 말해 만약 우리가 그분과 함께 거한다면 그분 역시 우리와 함께 거하신다는 것이다.

우리는 그분의 영을 통해 열매를 거두게 된다. 이것은 우리가 기대할 수 있는 최고의 수확이다.

주님, 당신의 영을 제 안에 충만히 채워 주셔서
제가 많은 열매를 맺을 수 있도록 도와 주세요.

예수님, 제가 당신 안에 거할 수 있도록 도와 주소서.
그래서 제 삶에서 아름다운 열매가 자라게 해 주세요.
성령님, 당신을 초청하오니 제 안에 들어와
당신의 사랑을 충만히 부어주세요.
그래서 그것이 저로부터 흘러나와 다른 사람들의
삶 속으로 들어가게 해 주소서.
당신을 아는 것은 제게 있어 큰 기쁨입니다.
제가 인내하면서 다른 사람들을 대함으로 그들에게 이 기쁨을
전념시키고 당신의 성품을 투영할 수 있도록 도와 주세요.
또한 기회가 생기는 대로 다른 사람들에게
친절을 베풀 수 있도록 인도해 주세요.
제 속에서 당신의 친하심이 흘러 넘침으로
모든 사람들에게 선을 끼칠 수 있도록 도와 주소서.

※ ※

내 안에 거하라 나도 너희 안에 거하리라 가지가 포도나무에 붙어 있지 아니하면 절로 과실을 맺을 수 없음 같이 너희도 내 안에 있지 아니하면 그러하리라.

요 15:4

만약 당신이 인생을 살면서 당신이 원하는 성령의 열매를 맺지 못하고 있다면 당신은 좋은 씨앗을 뿌릴 수 있게 해 달라고 하나님께 기도 드려야 한다. 그리고 당신 영혼 주변에서 자라나고 있는 잡초들을 뽑아 버리게 해 달라고 그분께 간구해야 한다.

당신의 마음 밭에 하나님의 말씀이라는 씨앗을 뿌리라. 그리고 성령님께 매일매일 그곳에 신선한 물을 뿌려 달라고 기도하라.

당신이 신실하게 참 포도나무이신 예수님께 머물러 있는 한 당신은 하늘 아버지께서 기뻐하실 만한 성령의 열매를 한 아름 거두게 될 것이다.

주님, 제가 더 많은 열매를 맺기 위해서는
불필요한 것들을 잘라내야 함을 잘 알고 있습니다.
당신 앞에서 제 자신을 복종시켜요.
당신 없이는 제가 아무것도 할 수 없다는
사실을 당신께서는 잘 알고 계세요.
당신은 포도나무이시며 저는 당신께 붙어 있는 가지예요.
저는 더 많은 열매를 맺기 위해 당신께 더 강하게 붙어 있어야 해요.
제가 그럴 수 있도록 저를 도와 주소서.
주님, 제게 "너희가 내 안에 거하고 내 말이 너희 안에 거하면
무엇이든지 원하는대로 구하라 그리하면 이루리라"(요 15:7)라고
약속해 주셔서 감사합니다.
당신의 시냇가에 심겨진 나무처럼 잎사귀가 마르지 않고
계절마다 과실을 맺는 사람이 되고 싶습니다(시 1:3).
저는 성령의 열매가 제 안에서 자라나고
모든 사람들이 그것을 보고 알수 있기를 원해요.
그래서 당신을 영화롭게 해 드리고 싶어요.

: : 매일의 생활 속에서 가져야 할 8가지 좋은 생각(빌:4:8을 중심으로)

1. 무엇이든 참된 것들을 생각하라.

   만약 당신이 정직하고 진실하고 참되고 거짓이 없고 신실하고 정확하고 신뢰할 만한 것들에 대해 생각한다면 당신은 거짓되고 잘못되고 정도에서 벗어나고 속이고 진실하지 못한 말들을 하지 않게 될 것이다.

2. 무엇이든 경건한 것들을 생각하라.

   만약 당신이 감탄 받을 만하고 고상하고 탁월하고 고결하고 기품이 있고 훌륭하고 명예로운 것들에 대해 생각한다면 당신은 천하고 비겁하고 야비하고 불명예스럽고 더러운 말들을 하지 않게 될 것이다.

3. 무엇이든 옳은 것들을 생각하라.

   만약 당신이 공정하고 합리적이고 정당하고 적절하고 합법적이고 옳고 정확하고 바르고 지조 있는 것들에 대해 생각한다면 당신은 불공평하고 오류가 있고 비합리적이고 불법적이고 부당한 말들을 하지 않게 될 것이다.

4. 무엇이든 정결한 것들을 생각하라.

   만약 당신이 깨끗하고 정결하고 흠이 없고 순결하고 더럽지 않고 오점이 없고 죄에 물들지 않은 것들에 대해 생각한다면 당신은 지저분하고 오점이 있고 더럽고 음란하고 부정하고 오염되고 부식되고 변색되고 거룩하지 않은 말들을 하지 않게 될 것이다.

5. 무엇이든 사랑할 만한 것들을 생각하라.

만약 당신이 기쁨이 될 만하고 불쾌하지 않고 매력을 끌 만하고 만족할 만하고 훌륭하고 근사한 것들에 대해 생각한다면 당신은 기쁨을 줄 수 없고 불쾌하고 무례하고 비위에 거슬리고 혐오스럽고 사랑스럽지 않고 험악하고 추한 말들을 하지 않게 될 것이다.

6. 무엇이든 칭찬할 만한 것들을 생각하라.

만약 당신이 존경받을 만하고 명랑하고 추천받을 만하고 긍정적이며 가치 있고 인정받을 만한 것들에 대해 생각한다면 당신은 부정적이고 절망스럽고 바람직하지 않은 것과 험담과 낭설로 가득 찬 소식들을 말하지 않게 될 것이다.

7. 무엇이든 덕스러운 것들을 생각하라.

만약 당신이 도덕적이고 윤리적이고 옳고 훌륭하고 바르고 감동적인 것들과 고상한 윤리적 기준에 부합하는 삶에 대해 생각한다면 당신은 저열하고 불량하고 비도덕적이고 나쁘고 방만하고 음탕하고 낭비적이고 악하고 비윤리적인 말들을 하지 않게 될 것이다.

8. 무엇이든 기릴만한 것들을 생각하라.

만약 당신이 훌륭하고 존경 받을 만하고 기특하고 가치 있고 갈채 받을 만하고 칭찬 받을 만하고 영광 받을 만하고 높임을 받을 만하고 영예롭고 인정받을 만한 것들에 대해 생각한다면 당신은 비판적이고 저주가 섞이고 업신여기고 험담하고 비난하고 흠잡고 억압하는 말들을 하지 않게 될 것이다.